お金の神様が教えてくれる

人生がどんどん好転する「経済」の授業

高津りえ

はじめに

こんにちは、スピリチュアル・カウンセラーの高津りえです。

「人は、『経済』と『人間関係』の2つを学ぶために、この世に生まれてくるんだよ」

〝お金の神様〟と初めて出会ったとき、そう教えてもらいました。

お金の神様は、あらゆる人のことをいつも見守ってくれている神様のひとりです。

もちろん、あなたやあなたのご家族のそばにもいらっしゃるんですよ。

お金の神様が話してくれる「経済の話」はとてもやさしくてシンプルな内容ばかりで、「大人も子どもも、お金の神様がしてくれる経済の話を知っていたら、さらに人生が豊かに、心強くなるだろうな」と思いました。

「経済ってね、人生の幸せを揺るぎなくする土台なんだよ」というお金の神様の教えは、若かったわたしの心にぐんぐん染み込んでいきました。

冒頭の言葉を聞いてから、20年以上が経ちました。

その間に20世紀が終わり、21世紀を迎えました。

お金の神様は、「21世紀は魂の時代だ」と言います。

これからは思ったことが実現するスピードが速くなって、**「魂（個性・魅力）で勝負する時代」**になっていくんですね。

つまり魂にとって、とてもよろこばしい世の中になってきたということです。

でも、人生の土台となる経済観念がきちんと育まれていないと、自分の個性をどう発揮したらいいのかわからなくなってしまいます。

たとえ、やりたいことが見つかったとしても、お金がなければ選択や行動ができない苦しみにも遭遇するでしょう。

経済がうまくいっていないと、すべてのことがうまく回らなくなります。

街でたくさんの人とすれ違うとき、わたしはいつも、「みんな一人ひとり、生活も年収も違う。そこにはそれぞれの経済があって、いろいろな心配事があって、幸せがあるんだなあ」と感じます。

もう横並びの時代は終わりました。

・「自分の経済」にふさわしい稼ぐ力を身につける。
・ずっと豊かでいる努力をし、考えを鍛える。

魂で勝負する時代だからこそ、この2つを実現する経済とはどんなことなのか、いまこそ多くの方に知っていただきたいと思いました。

そこで、「お金の神様、あらためて経済の授業をしていただけませんか？」とお願いをして生まれたのが、この本です。

お金の神様は「経済は人それぞれ。それでいいし、どれも正解」とも教えてくれましたから、本書を読み終わるころに、「わたしだけの経済」をあなたが見つけてくださっていたら、大変うれしく思います。

どなたにも活用してもらえる経済の基本をしっかりと押さえながら、「スピリチュアルな経済論」についてもお伝えしていきましょう。

わたしがお金の神様に教えてもらった「経済」の授業、はじまり、はじまり。

高津りえ

CONTENTS

目次

1時限目

そもそも「経済」って何ですか？

CONTENTS

2時限目 お金を「稼ぐこと」と「使うこと」。知っておきたい大事なこと

3時限目 お金の不安から逃れるにはどうすればいい？

4 時限目

がんばっても貧しい人、ラクをしてもお金持ち。決めるのは自分

CONTENTS

HR ホームルーム

「経済」の失敗から学び、幸せになった人の物語

プロローグ

神様からの言葉

なぜ、
経済を学ぶのか？

「横並びの時代」から「魂の個性を出す時代」へ

どうも、経済の神様です。

わたしは、いつもみんなの隣にいます。だから、「はじめまして」って感じがしないんだけど、「え？　声が聞こえないじゃない」「姿を見たことがないんだけど」とか、いろんなご意見があるかもしれないね。

でも、大人も子どもも、この世で経済活動をしていない人は、ただのひとりもいません。その時点で、みんな、ちゃんとわたしとつながっています。「お金は、とっても大切！」って思っている人は、きっとわたしの気配を強く感じてくれているんだろうなあ。

りえさんが、わたしの存在に初めて気づいたときに、**「男性は経済を、女性は人間関係を学ぶためにこの世に生まれてくるんだよ」**と、お話ししました。

女の人は、自分たちと違う人を排除したい気持ちがちょっと強い。

「あの人って、なんかアレよね～」「わかるわ～」って、つい人のうわさ話で盛り上がりがち。だから、一生を通して人間関係を学ばなくちゃいけないんだね。

だけど、お金に対してはあれこれ言わない現金博愛主義の人が多い（笑）。

昔から、家庭や商店では女の人が帳簿を預かることが多かったけど、それは女性がそういうことに向いているからなんだね。

反対に男性は、人の悪口を言ったり、うわさ話をしたりしない代わりにコツコツした現実的なやりくりが苦手。

もちろん、個人差はある。でも、ざっくり言うと、男と女では、この世でより深く学ぶべきテーマが違うんだ。

じゃあ、女の人は経済を学ばなくていいの？　男の人は人間関係をクリアしているってこと？　って思うかもしれないけど、そうじゃない。

魂を成長させるためには、この2つを同時に向上させていかないといけないんだよ。

「経済」と「人間関係」は、つながったひとつの輪っかみたいになっているんだ。

お金は好きだけど人が嫌いって人は、お金を持ち続けることはできない。

人は好きだけどお金が嫌いって人は、いずれ人にもいやがられるようになるだろう。

人が好きで、お金も好き。

そういう人が最強。あなたも、そのてっぺんを目指していこうね。

経済って、神事《かみごと》なんだよ。

魂を成長させるために、わたしたち神様が人に与えたのが経済なんだ。だから、この世の中は経済で回っていくし、経済で変化もする。

21世紀は、「魂の時代」なの。魂は人それぞれみんな違う。それが、「個性」。

「個性を出しすぎてはいけない。みんなと同じであれ」

「集団生活になじむ協調性がいちばんの美徳。人と同じように行動できればマル」

そういった、これまでと同じ意識ではうまく経済が回らなくなる時代がきたんだ。

「横並びの時代」から「魂の個性を出す時代」に変化してきたんだね。

でも、心配しなくていいんだよ。

個性が出せるような世の中に自然と変わってくるんだから、流れに逆らわなければ、ちゃんとうまくいくようになっている。

経済観念がなければ、魂が満たされることはない

これまでの人間の歴史を振り返ったときに、他国に侵略したり、権力争いで内乱が繰り返されたりしたのは、全体的に魂が未熟だったからなんだ。

魂の成長にとっては、そういう混沌《こんとん》とした時代も必要だったし、そのときどきに生きてきた魂が精一杯のことをした結果なんだね。

だけど、これからは、「自分さえよければ、人の物でも取ってしまおう」っていう考えはまかり通らなくなる。

「一人ひとりが自分の魅力を最大限に発揮して、ほかの人の役に立つ」

これからは、そういう時代だからね。

人の役に立つためには、まず経済的に自立していないといけない。経済がしっかりしていないと、魂が個性を発揮する余裕が生まれないからだ。

お金を稼ぐこと。

よく考えてお金を使うこと。

そうした経済の課題を人に丸投げすると、魂の成長を放棄してしまうことになるよ。

自分で稼ぐ人と、稼ぐ人をしっかりとサポートする人は、経済的に自立してない人の何倍も人の役に立ててるんだ。

経済観念がしっかりしてないと、けっして魂が満たされることはない。自分の魂が満ち足りていない人は、人のことだって満たせやしないよ。

たとえば、お金がなければ大切な人が病気になったときに助けてあげられないよね。

いやな人に頭を下げて、やりたくないことをしなくちゃいけない場面もたくさん出てくるだろう。

だからね、これからは「自分の経済」を見つけて、お金と丁寧につき合うことが、これまで以上に大切になってくるんだ。


一度、自分にとっての「豊かさ」ってなんだろう？　って、考えてみてほしいの。

「みんながこぞって欲しがるバッグだから素敵なはず」

「話題になっているお店だから、おいしいに違いない」

「周りにやっている人が多いから、あれは儲かる投資だ」

そんなふうに、人の価値観で物事を決めるのは、もうやめよう。**お金を使う対象がほかの人と同じである必要なんて、どこにもないんだ。**

あなたが、心から欲しいと思う物。

おいしいと感激するもの。

素敵だと感じる経験。

かけがえのない自分の魂を成長させることに、大切なお金を使っていこう。

仕事とは、「自分の得意ワザ」で人をよろこばせてお金を稼ぐこと

お金に関係する大事なことって、じつはものすごくあたりまえの内容しかないんだ。

経済って何ですか？　そう聞かれたら、わたしは次のひと言で答えるよ。

「稼いだ範囲で、生活を回すこと」

だって、稼いだ分より使う分が多かったら、生活が破綻しちゃうよ。

あたりまえの話だろ？　でも、このあたりまえのことをできない人が多いから、経済の悩みは尽きないんだ。

経済活動って、「生きるためにかかるお金より、どうやって儲けを多く出すか？」を考えて行動することをいうんだ。

「儲ける」っていうと、どうしても悪いことみたいに感じる人がいるんだけど、それは単なる思い込み。儲けを出さないことのほうがいけない。

「わたしは社長や自営業じゃないのに、儲けを出すことを考えるべきなの？」って、自分には関係ないことのように思う人がときどきいるけれど、どんな仕事でも、ぜーんぶ金儲けなの。

だって、お金は儲けるとうれしいようにできている。経済は神事だから、どんな人でも魂が感動して震えるものなんだ。

だから、お年寄りだって、子どもだって、なにかをしたときに「ありがとう、これ手間賃よ」って相手からお金をもらったらうれしいんだよ。

お金がないっていうことは、仕事がないってことと同じなんだ。


じゃあ、仕事っていったい何だろう？

仕事とは、自分が得意なことで人をよろこばせてお金を稼ぐ手段のこと。

自分のいちばんの得意ワザでお金を稼いで、儲けを出す。魂にとって、これほどのよろこびはないの。

りえさんがこの話をしたときに、ある人が、「わたしは平凡なサラリーマンです。りえ先生みたいに得意ワザで儲けることはできません」と言ったんだ。

たしかに、サラリーマンの人が、ものすごい大金を稼ぐことはできない。

でも、どんな人だって、「得意なことをお金にする仕事を見つけること」と、「自分の器量に合った儲けを出すこと」はできるんだよ。

自分が持っているすごい得意ワザに、みんな気づいていないんだ。

あのね、**ほとんどの人は、「がまん」というワザを持っているの。**

サラリーマンの人が満員電車に揺られるのも、上司の話を「ハイ、ハイ」と聞くのにも、がまんが必要だよ。

がまんができない人は、会社に入ってもいくらももたない。

「どうせ、わたしにはこれしかできないから」とか、「上司に怒られても辞められなくて情けない」って消極的に考えるからいけないの。

「わたしは、『がまん』というすごい才能を持っている。だから、あと20年、これでいける！」

そう強気になったときに、人生の展開が変わるんだ。

自分の器量を見誤ると、幸せを見失う

人は、自分の得意ワザを生かして生きていることに気づくと、積極的に儲けることができるようになるんだ。

たとえば、1箇所にとどまり続けるっていうがまんができない人もいる。だから、

何十年も同じ職場に通い続けている人は、それだけですごいよ。

居場所を次々に変えたくなる人が思いつくままに動くうちに、「辛抱がない人間はアイデアが出る」ってことがわかる場合もある。

飽きっぽい分、新しいものが入ってくるようになってるんだ。その人は、飽きっぽいのが得意ワザなんだよ。

本当は自分のいちばん素晴らしいところなのに、「飽きっぽいのはいけないことだ」って思い込んじゃうと、人生がダメになっちゃう。

だからあなたも、「自分は得意ワザを生かして生きてるんだ」って胸を張ったほうがいいね。

さっき、「器量」って言葉を出したけど、人は自分の器の量を見誤ると幸せを見失っちゃうんだ。

器量は生まれ持ったものだから、努力だけで何億ものお金を稼いで持ち続けたいといくら願っても、みんなが実現できるわけじゃない。

なぜかというと、大きなお金の領域は、「この人に大金を与えたら、人をよろこばせることに使えるだろう」って、わたしたち神様が決める「神様のはからい」だからなんだ。

「なーんだ。生まれ持ったものと才能で経済の器量が決まっちゃうなら、なにをしてもムダだ」って思うかな？

それはちょっと違うよ。**器量は、考え方と行動で広げることができるんだ。**たとえば、100万円の器を1000万円にすることは十分にできる。

逆に、考え方と行動がよくないと、器が狭くなっていっちゃうことだってある。

「手柄」の時代、「学歴」の時代、そして「人柄」の時代へ

ここでもう一度、人の歴史を振り返ってみよう。

人類の最初は「手柄」の時代だったの。

戦争で武勲をたてたり、芸術的に優れた才能があったりすれば、のしあがることが

できた。つまり得意ワザだけで十分に活躍できたし、お金持ちにもなれた。

日本でいうと、飛鳥時代に制定された貴族以外から才能のある人を登用する「冠位《かんい》十二階《じゅうにかい》」なんて制度もあるよね。

そして次に「家柄」の時代がやってくる。手柄より氏素性《うじすじょう》が優先される時代が長く続いて、明治維新で大学制度ができると、今度は「学歴」の時代。

家柄は立派だけど、勉強はさっぱりできませんという人よりも、トップレベルの学歴を積み上げてきた人が尊重されるようになった。

でも、これも20世紀までの話なんだよ。

では、21世紀では、なにが最大の武器になると思う？

「手柄」「家柄」「学歴」ときたから、次は「職歴」かな？

正解は、「人柄」だよ。21世紀の武器は、魂の性質が深く問われる人柄なんだ。

人は何万年もかけて、スピリチュアルな時代に到達してきたってことだね。

これからの時代、性質と品格がいい人は経済の器量が広くなっていく。つまり、人にもお金にも愛される。経済という人生の土台がどっしりとしていくわけ。
この世に生きている間に、明るいものの見方をしたり、美しい言葉を使ったり、愛のある行動をするのは、立派な経済活動なんだよ。

「人づき合い」と同じように大切なのが「自分づき合い」

わたしが、あなたに心がけてほしい2つのことを教えるね。
お金がなくても、いじけない。
お金があっても、いばらない。
ぜひ、覚えておいてほしいんだ。

人生でいじけるのは、自分をいじめることにほかならないよ。
「自分には価値がない」って、四六時中、自分に言い続けるのと同じだからね。
お金がないときにお金を持っている人を見ると、妬ましく感じるかもしれない。

そんなときこそ、あなたは試されているんだ。

それは、わたしからの「経済のテスト（その1）」なの。だから、お金のある人を見たら、「成功してよかったね」って言いなさい。そこで人生が変わるよ。

「経済のテスト（その1）」に合格しないと、（その2）や（その3）は受けられないから、ずっと、その段階で足踏みすることになる。

そうすると、次から次に経済的な豊かさを持っている人が目について妬むようになるよ。なぜなら、そういう「段階」にあなたがいる限り、わたしは「妬まない」という同じ傾向の問題を出し続けるしかないんだ。

まず、人に「よかったね」って言える人になろう。自分にお金が入ったらよろこんで、人がお金を手にしたら妬むんじゃ、器量はますます狭くなっちゃうよ。

妬むのは、「自分には手に入りっこない」って思い込んでいるからだよね。だけど、人に「よかったね」って言うと、その思い込みがはずれていくんだ。

人間関係の基本って、じつは「人づき合い」じゃなくて「自分づき合い」なの。

だから、「自分も得意ワザで人をよろこばせられる。儲けられる」って、まずは自分を信じること。

「きれいな考え方をして、いい言葉を口にしていたら、いいことが巡りめぐって、思いがけないお金が入ってくるかもしれない」って、楽しい想像をして過ごそうよ。

それはいつか、きっと本当になるから。


それから、わたしはいばる人が、人の世でいちばんかっこ悪いと思っている。

学歴、権力、地位、大金……。そういうものを持つと、持ってない相手を見下す人がときどきいるんだ。中には、「霊感があるから自分は偉い」っていばる人までいる。

そういう能力は、あっていいんだよ。でも、その態度はダメなの。

そういう人は、いくらお金を持っていたって人に嫌われるし、今世での魂の成長はさほどたいしたものにはならない。

愛があって、能力があって、お金があったら、神様も人様も放っておかないんだから、いばるようなかっこ悪いことはいますぐやめたほうがいい。

わたしは女性が大好きだけど、「神様、わたしに大金をください」「ぜいたくをさせてくれる男性と巡り合わせてください」ってお願いする女の人がいたら、「1日も早く、あなたがそう願うことをやめられますように」って、その願い事に返すんだ。

神様や他人から幸せにしてもらうことばっかり考えて、自分の経済を自分の頭で考えないでいると、女性にとっても損だよね。だって、魂がちっとも向上しないし、周りの人からも品位がないって思われるでしょ。

「お金の神様には、きっとお金目当ての女の人がたくさん寄ってくるんでしょうね」

周りの神様たちからそんなふうに冷やかされることがあるんだけれど、わたしは頭にきて仕方ないんだ。

こっちは菅原道真公がモテモテだった学歴の時代から、ずっと人柄で勝負してるんだ（笑）。それでモテ続けてるんだから、そこをほめてくれよって（笑）。

まあ、ようはね、**これからは人柄を磨けばますます人もお金もついてくるってことなんだ。**

自分の魅力で勝負できる時代になるんだから、こんなにラクなことはない。

お金が入ってくるのも、お金を使っちゃうのも、全部、自分の器量でこなした結果なんだよ。わかりやすいだろう?

いじけず、いばらず。魂が成長する経済を楽しく学んでいこうよ。

次の章からは、人生をどんどん好転させる「経済」の学び方、つき合い方、取り組み方について、具体的にりえさんと話していくよ。

用意はいいかな?

1時限目

そもそも「経済」って何ですか?

お金がなくなったら
どのくらい困るかを学ぶために、
人は「金勘定」と「感情」を
体験していくんだよ。

「勘定は感情」ですね。
たしかに経済は、「喜怒哀楽」
すべての感情を呼び起こしますね。

経済は人の感情で動いている

この世は、不幸でいるとお金がかかります。

なぜなら、心の不足をお金で埋めようとして暴飲暴食に走ったり、浪費を重ねたりするから。そして、その結果、病気を引き寄せ、借金を抱えることもあります。

つまり、不幸せな気持ちでいるだけで不経済なんです。

「住んでいる人が明るい家庭は、電気代が安い」と聞いたことがあります。物も壊れづらく、長持ちするそうです。

この世は、「幸せな気持ちでいるだけで景気がいい」のです。

21世紀は一人ひとりが輝く時代ですが、かけがえのない自分の個性を発揮するためには、土台となる経済がきちんとしていなければいけません。

経済がグラグラだと、幸せも健康も恋愛も仕事も、もろく崩れてしまいます。

わたしは、あの世とこの世を分けて考えたことがありません。そういう大きな視点で見てみると、あの世とこの世の経済はひと続きなことがわかります。

お金の神様が、**「今世の経済の器量は、前世までの生き方で決まる」**と話してくれたことがありました。

生まれたときからお金持ちの人や、大金を一代で築き上げた人を見て、「恵まれているなあ」と感じたことがあるかもしれませんが、そういう人たちは、それまでの前世で自分の経済をしっかりと学んで、器量を大きくしてきたのですね。

カウンセリングで、「家計がうまく回らない」というご相談をたくさん受けます。人には、前世から持ち越してきた経済の課題が大なり小なりあるにしても、「出費に稼ぎが追いつかない」というお悩みが本当に多いのです。

「なぜ、お金のことでこんなに悩む人が多いんでしょう?」とお金の神様に聞いたら、次のような答えが返ってきました。

「世の中のほとんどの人はお金が足りないんだよ。だって、使っちゃうから。

人はお金を使うのが好きなんだよね。でも、経済っていうのは、『お金の出し入れ』なんだ。使ったら、その分、入れなくちゃならない。

お金がなくなったらどれくらい困るかを知るために、人は『金勘定』と、そこにまつわる『感情』を一生かけて体験して、勉強するんだよ」

たしかに経済は、喜怒哀楽すべての感情を人にもたらします。 勘定は感情。人の心も体も「経済＝お金の出し入れ」で回っているんですね。

「お金を使うのが好きな人は、使う人の気持ちがよくわかるから商売に向いてる。貯めることだけが好きな人は、お客さんの気持ちがわからないから商売人には不向きだろうな」とも、お金の神様は言っていました。

ですから、お金を使うのが好きなことがいけないわけではありませんし、お金を使うと幸福な気持ちになることも、わたしたちは知っています。

「収支のバランスがとれていて、自分の経済が回っている」ことが大切なのです。

また、「お金さえあれば経済が幸せに回り、景気がよくなる」という考え方は、そろそろあらためなくてはいけません。

最初にも書きましたが、「幸せな心持ちだから、景気がよくなる」のです。

1万円のランチと同じように100円のおにぎりにもよろこびを感じる心を持っていれば、ちゃんと経済は回ります。

高価な食事や高級品にしかよろこびを抱けない人は、生活に何らかの変化が起きて収入が下がったとたん、経済が破綻してしまいます。

あなたの生き方が、今世の経済の器量を大きくも小さくもするし、「来世の器」の大きさも決定することを、どうぞ心に留めておいてくださいね。

器量を広げながら、自分にふさわしい経済を回していく方法について、これから、じっくりお話ししていきたいなと思います。

目的を持ったら、「意思という舵《かじ》」と
「欲というエンジン」で動き続けると、
必ず目的地に到達できるよ。

たとえ周りが不景気でも、
不幸でも、暗くても、
「でも、わたしは違う」と思って
行動することが大切なんですね。

人の感情に振り回されないことと同様に、世の中の経済にも振り回されない

お金の神様に出会って、わたしは経済をとても豊かにしていただきました。

お金の神様から最初に教えてもらったのは、

「周りが不景気でもわたしは違う。周りが不幸でもわたしは違う。周りが暗くてもわたしは違う。**『わたしは違う』**って思いなさい」

ということでした。

この「わたしは違う」を知ったのが、わたしの経済の勉強のはじまりです。

心配事ばかりが心に浮かぶのは、経済がしっかりしていないからです。お金がなくなってくると夫婦ゲンカが増えるように、不景気は人を不安でイライラさせます。

ただし、その不景気は「自分の心が増幅させるもの」だと気づいてほしいのです。

「りえさんは、日本がバブルで好景気だったときにお金持ちだった？」

あるとき、お金の神様に聞かれて、そのころ中学生から高校生だったわたしは、「いいえ」と首を横に振りました。

「そうでしょ？　だから違うんだよ。自分はみんなと同じだと思ってるけど、みんなと同じ人間はいない。簡単な仕組みなんだよ。〝目的〟を持つんだ。

『ハワイにどうしても行きたい』という〝目的〟を持つとするじゃない？　ハワイに向かう『意思という舵』を使って、『欲というエンジン』を動かしていれば、必ずハワイに着くんだ。

『豊かで愛される幸せな人間になりたい』というのも〝目的〟でしょう。**目的を持って行動すれば、必ずそうなるんだよ。**これは法則だから、誰がやってもそうなる。

『わたしは違う』と思えば不景気も解決できる。どんなときでも、元気に明るく働いていれば大丈夫なんだ」

経営者への第1歩を踏み出したばかりだった20代のわたしに、お金の神様は明るい声でお話ししてくれました。

あなたも不安になったら、「わたしは違う」を合言葉に気分を立て直してください。

「わたしは違う」を人間関係にたとえるならば、「乗っからない」と同じことだと思います。

たとえば、Aさんとケンカをした B さんがあなたにAさんの悪口を言ったとします。

「え〜っ。Aさんって、そんないやなことをする人なのね」

あなたはBさんの言い分に乗っかって、Aさんと連絡を取り合うことをやめました。

一方、Aさんと道でバッタリ会ったBさんは、「この間はごめんね。わたしの言い方がよくなかったって、ずっと気にしていたの」と謝られて、すっかり仲直り。

しかし、Aさんと直接ケンカをしたわけではないあなたは、仲直りすることもできません。気まずい相手がひとり増えた上に、Bさんに対するモヤモヤまで抱えることになります。

不景気の仕組みも、これと同じです。

「わたしは違う。人には乗っからない」

そう思うことが大事です。

つい先日、銀座で、とあるショップに入ったときのことです。

お目当ては雑誌で見かけたかわいいバッグだったのですが、

「あのバッグ、見せていただけますか？」

と店員さんに尋ねると、

「申し訳ございません、発売と同時に全国の店舗で完売いたしました」

と、恐縮して言われました。

定価45万円のバッグが、発売即日、日本中で売り切れたんです。

「すごいわ。景気がいいのね〜」

と、手ぶらなのに、わたしはごきげんな気分で帰りました（笑）。

「そうなのよね、あるところにはあるのよ。まっ、わたしには関係ないけど」

と思うと、自分を取り巻く世界はますます豊かさと無縁になっていきます。

「世の中がどうであろうと、わたしは違う」

そう思っていると、ちゃんとその世界に住むようになっていきます。

女性は「育む性」だからこそ、
「経済」を学ぶべき。
経済を学べば、豊かになりながら
豊かな人を育めるよ。

女性は「願い」をプラスしていく
エネルギーが豊富だから、
経済を学んだり、仕事したりするのに
向いているんですね。

女性は欲深い。だから経済を学ぶと豊かになれる

先日、お弟子さんたちの勉強会で経済の話をしたときのことです。

「まず、『稼ぐ』という頭になってね」と最初にお伝えしました。

精神的な勉強をしている人たちの中には、「スピリチュアルなことを学んでいるのに、『稼ぎたい』と思うのはいけないんじゃないかしら」と感じる人も多いようです。

でも、稼ぐのが悪いことだったら、家族を養うことも、健康でいることも、恋愛をすることも、おしゃれしてきれいでいることも、すべて悪い行いの延長線上にあることになります。もちろん、そんなことはありませんよね。

「使い方や稼ぎ方が悪い」のを、「稼ぐのは悪い」ことと混同してはいけません。

これからは、女性にこそ楽しく経済を学んでもらいたいと思います。

なぜかというと、女性は「育てる性」だから。「育てる器量」が豊かだからです。結婚した人は夫を育て、子どもを持った人は子どもを育てます。独身の人には、人生の節目ごとに、後輩や若い親戚など育む相手が現れます。

わたしの場合は、スタッフやお弟子さんですね。

女の人は、相手を守るだけではなく、育てるのも上手です。だから女性が経済を学んだら、豊かになりながら豊かな人を育むお手伝いができます。

経済がうまくいかないときは、神様に経済を勉強させてもらっているときです。

うまくいかないときこそ、「解決策は必ずあるはずよね」と、女性ならではの明るさと開き直りを発揮していただきたいと思います。

お金の神様は、

「女の人は頭がよくて欲深い。だから、人間関係と経済の両方をいっぺんに学んじゃったほうが得なんだよ」

と言います。

「でも、お弟子さんたちに『経済を学んでね』って言うと、最初は、なぜかみんなが『ええっ』って戸惑うんですよ」

とわたしが言うと、お金の神様が笑いました。

「たいていの女の人は、経済って聞くと経済学を連想して敬遠するんだね。『やだ〜、むずかしそう』って。わたしたち神様はむずかしいことはさせないんだよ。稼いだ分で生活が成り立っていれば、もうその人は立派な経済家なの。

女の人は欲しい物がいっぱいあるよね。ワンピースを買ったら、服に合うバッグと靴も欲しいでしょ。その上髪や爪もきれいにしたい。キリがない（笑）。

でも、それでいいんだ。女の人が自分で稼いで自分で使うって、すごく効率がよくて健康的でしょ？　人の稼ぎをアテにするから失敗しちゃうんだ」

「女性が仕事をしたほうがよっぽど儲かる」とお金の神様が言うのは、**「男はマイナスで考えるけれど、女はプラスでものを考える」**からだそうです。

「男は、奥さんと子どものために、『これをあきらめよう』『あれもあきらめよう』って、どんどん自分の欲を捨てていく。だからマイナス。

だけど女の人はね、子どもを産む前は、『子どもが健康でさえあればそれだけでいい』って言ってたはずが、生まれてきたら『英語ができたほうがいい』『運動も得意じゃないと』『みんなに好かれてほしい』って、欲深いことを言い出す（笑）」

「よく言えば、女性は願いをプラスし続けていくエネルギーが豊富なんですね（笑）」

お金の神様と、そう言って笑い合いました。

あきらめる男性とあきらめない女性がうまく補い合えたら、家庭の経済はきっとうまくいきますね。

「本来、仕事って、ひとつ手に入れたらもうひとつ欲しくなる人こそ向いているの。それに、この世の中は男が稼いでも使うのは女って決まってるんだ（笑）。

女性の欲しい物をわかっているのは女性だよね。だから、社会や企業の中で、女性がもっと偉くなっていかないとね」

後日、お金の神様から聞いたこの言葉をお弟子さんたちに伝えたら、みんなが熱心にうなずいて、「自分にも稼ぐ力があるんだって希望が湧いてきました」と笑顔になりました。

カウンセリングや勉強会で、「夫と別れたら生活ができないので、愛情はないけれど離婚はしません」とおっしゃる方に、しばしばお会いします。

もちろん、現時点の環境や条件は人それぞれですから、「わたしには『稼ぐ』のはむずかしいな」と感じることもあると思います。

もしも、「稼ぐ」という言葉を聞いて心に抵抗が生まれたら、「いまの自分にできる範囲で」と補足してみてください。

「いまの自分にできる範囲で稼ぐ」

どうですか？　少し気持ちが軽くなりはしませんか？

少しずつでいいんです。いまのあなたにふさわしい分を稼げたら、段階を踏んで器量が広がっていきます。

「お金は自分で稼ぐもの」「経済は幸せの土台」という2つのことを意識すると、必ず行動が変わってきます。

自営業の人だけではなく、決まった額をお給料としてもらっている人も、「お給料をもらう」のではなく、「お給料を稼ぐ」と思ってみてくださいね。「自分でお給料を稼ぐんだ」と思うと、文句が引っ込んで、元気が出てきます。

「もらう頭」でなく、「稼ぐ頭」になる。それが、経済の学びの第1歩です。

お金は、この世を
幸せに過ごすためのツール。
うまく使いこなせるようになると、
心の安心が生まれるよ。

「お金を使うのをやめよう」ではなく、
「お金を稼ごう」と頭を切り替えると、
お金に振り回されない道が開けますね。

お金は「ギフト」ではなく「ツール」。使いこなす知恵を身につける

わたしは、お金は神様が与えてくださった「この世を幸せに過ごすためのツール」だと思っています。

「ギフト」だと考えるともらうだけになってしまいますが、ツールだと思うと、「どうやって使いこなそうか」という工夫が生まれます。

お金は、この世でのみ使えるツールなので、あの世に帰るときには置いていかなければいけません。ここに、誰ひとりとして例外はないんです。

だから、「生きている間に、いかにきれいに使えるか？」を問われます。

お金があると、自由の幅が広がりますよね。スーパーで買う物、外食するお店、旅行先や泊まるホテルのグレードなど、日々の選択もお金のあるなしで変化します。

「わたしは、この世を幸せに過ごすツールを使いこなせているわ」とお金に対して安

心できると、その上に心の安心が生まれます。

お金がないと嘆く人、ラクをして誰かからもらいたいと願う人は、お金を「不幸のツール」にしてしまいます。すると、多方面でトラブルが起こります。

経済の不調は、あらゆることに影響してしまうのです。

お金を、不幸に過ごすためのツールにして振り回される人たちは、「その経験を通じて経済を学びたい！」と魂が願っています。

だから、「よく考えてお金を使いなさい」と、いくら他人から言われても、振り回される段階を経験している最中の人には、どう考えたらいいのかがわかりません。

それぞれの人にそれぞれの経済と学び方があるので、他人が頭ごなしに「そのやり方は違うよ」と否定しても、本当の意味で相手の役に立ってあげることはできないのです。

わたしがアドバイスするとしたら、「お金を使うのをやめよう」と欲を押さえ込むことに一生懸命にならないで、「お金を稼ごう」と頭を切り替えましょう、と言います。

「稼ぐ頭」に切り替わると行動が変化するので、「お金に振り回されないで学ぶ」というほかの道が開けてきます。

きょう働いているのは、1か月後を安心して生きるためです。

つまり、月給が30万円で貯金が300万円ある人は、10か月後のために働いていることになります。

「なにが起こったとしても10か月間は大丈夫」と思えると安心ですよね。その安心のタネである貯金を少しずつでも増やしていくことができたら、心はますます豊かで穏やかになっていきます。

不思議なことなのですが、安心が溜まるほど欲しい物がなくなっていきます。

わたしも、若いときはデパートに行くと「わ、かわいい。これ欲しい」「素敵、あれも欲しい」と目移りしたものですが、いまはウインドーショッピングするだけでも十分に満たされます。

「セールになっているから、いま買わなくちゃ！」

「送料が無料になるから、どうせなら5千円以上買おう」

こんな買い物の仕方は、一見お得なように感じるかもしれません。

でも、「これを逃したら損をするのではないか？」という不安な気持ちからお金を使っているので、やっぱり安心は溜まりません。

元気にお金を稼いで、楽しく使って、うれしい気持ちで貯めて、また稼いで。

このサイクルが成り立つと、お金を使っているときでさえも、安心が溜まっていきます。

「幸せのツールをきれいに使いこなせているね」って、神様が大きなマルをくださるんですよ。

この世は「不平等」だけど「公平」。
このことを受け入れられないと、
器量が広がらないよ。

「平等」と「公平」の違いを理解すると、
「自分は不幸だ」と
苦しむことはなくなりますね。

世の中は不平等。でもチャンスだけは平等に訪れる

「とにかく税金が高くて、まいっちゃいますよ」

お金に関係するカウンセリングをしているときに、お客様からため息混じりに聞くことが多い言葉です。節税対策に一生懸命になる方も少なくありません。

だけど、国が定めている税率で納税をするのは、この国に住む以上、守らなければいけないルールです。やみくもに税金をいやがるのは、「人は、なぜごはんを食べないと生きられないの？」と文句を言うようなものなのです。

すでに決まっていることなのですから、「いかに支払わないですまそうか」と考えるより、「どうやって楽しく払って生きるか？」を考えたほうが、ずっと豊かで幸せな人生になります。

わたしの場合は、稼ぐ年は収入の70％ぐらいが税金になりますが、１００万円の収入の人が70万円の税金を払うことはありません。わたしは、自分よりももっとたくさ

んの税金を払ってくれている人たちのことを考えて、いつも「ありがたいな〜」と思いながらお支払いしています。

わたしのお師匠さんである斎藤一人さんは、長年莫大な税金を払い続けていますが、そのことに対して文句を言っているのを聞いたことがありません。お金の神様に「一人さんはすごいですよね」と話すと、

「この世は不平等なの。なぜなら、わたしたちは平等を望まないからね。一人さんは、ちゃーんとそのことがわかっている。**まず、この世が不平等だという事実を受け入れないと、人は器量が狭まっちゃうんだ**」

と言われて、思わず、

「不平等って？　世の中には、幸せになる人と不幸せになる人がいるのが当然だってことですか？」

と、聞き返してしまいました。するとお金の神様は、こう言いました。

「違う、違う。りえさんは、『平等』と『公平』を混同してるでしょ？」

「あらっ、同じことじゃないんですか？」

「たとえば、いまここにケーキが3つあるとするよね。平等っていうのは、わたしとりえさんに1個半ずつ、ぴったり同じ量を分けることを言うんだ。

公平っていうのは、りえさんはあまりお腹が空いてないから1個、わたしはお腹がペコペコだから2個。こんなふうに、その人にふさわしい量を分配すること」

「あっ、たとえとはいえ、なにげに多くとりましたね（笑）。

そうか、魂はいつでも、自分がいちばんよく学べるちょうどいい場所に生まれてくるから、端からは不平等に見えても、じつは公平だってことですね」

「そう。『平等、平等』って言う人は、不平等ばかりに目がいってるけれど、たとえば税金を公平ではなく平等にしたらどうだろう？　収入のない人に、うんと稼いでいる人と平等に同じ金額を支払いなさいって言っても無理だよね。

『公平』のメリットに守られているのに、『平等じゃない』って文句を言ったらダメなんだ。

この時代、日本という国、生まれる家を選んだのはあなたの魂なんだから、いまの魂にふさわしいものをみんな公平に持ってるっていうことなんだ。すごくうまくいってるんだよ。

幸せに稼ぐチャンスは平等にある。だけど、それ以上を望むと必ず苦しむ。**チャンス以外は不平等であたりまえなんだって早く気づいたほうがいいね**」

こんな話をしました。そして、

「そんなことを言うなら、税金も一律10％って決めたらいいよね。でも、そう言うと必ず、『たくさん稼いでる人も、少ししか稼いでない人も税金が1割なら、金持ち優遇になる』って言う人が出てくる」

と、お金の神様は苦笑いしました。

「でも、ちっとも優遇じゃないよね。年収1000万円の人と1億円の人と10億円の人では、1割の金額のケタが違うんだからさ」

「本当に、そうですよねえ」

そう言って、笑ったのを覚えています。

この世は、不平等だけど公平。そのことがわかっていると、自分は不幸だと苦しむことはなくなります。

Q 「スピリチュアルな経済」って？

「神様の経営」をすること。

「見えない経済」に感謝すること。

人が死んだあとに神様からされる質問って、何だかわかるかい？

たったの２つしかないんだ。

「人生を楽しみましたか？」

「人に親切にしましたか？」

なんと、これだけなの。

ええ。そして、その２つは、じつは同じ意味ですよね。

そう、ようは「生きている間に楽しみながら人に親切にする」ってことなんだ。それが、人にとっていちばんの幸せなんだよ。わたしはそれを「神様の経営」って呼んでるよ。主婦の人も学生の人も神様の経営を目指せばいいんじゃないかな。それが、「スピリチュアルな経済」なの。

りえさんは、どう思う？

お金の神様がおっしゃる通り、「スピリチュアルな経済」は自分と人を笑顔にするものだと思います。あとは、「目に見えない経済にも感謝する」ことでしょうか。前に、師匠の一人さんがコーヒーを飲みながら、「わたしはいまキリマンジャロの人の経済を助けてるんだ」っておっしゃったことがあります。その言葉を聞いて、「本当だ」って、まだ見たことがないアフリカのコーヒー農園に思いを馳せました(笑)。

1杯のコーヒーにかかわっているのは収穫する人だけではありません。はるばる日本まで運んでくれる人、豆を焙煎して製品化する工場の人、それを運ぶ人、スーパーの陳列棚に並べて、レジを打ってくれる人……。そうしたさまざまな行程を経て、このコーヒーはいまわたしたちの手元にあるんだな〜と。

その「見えない経済」をどれだけ想像して感謝できるかで、人の器量が変わると思います。

そうだよね。コンビニに置いてあるガムひとつだって、たくさんの人たちが働いてくれたおかげで気軽に手に取れるようになってるんだからね。
八百屋さんで大根を1本買ったら、八百屋さんだけでなく、農家さんの経済も支えてるってこと。そして、この世に生きている人はみんな、自分もそうやってたくさんの人たちに支えてもらってるんだ。

はい。「スピリチュアル」というと、前世や霊など、目に見えないものを見たがる人が多いけれど、本当のスピリチュアルって、身近にある目に見えない部分を見て感謝することだと思うんです。
人を成功させていくのは、そういうこの世の地に足がついたスピリチュアルな経済観念ですよね。

そうそう。人を支えて、人に支えてもらって、廻り回って経済が成り立っているんだってことがわかると、きょうの仕事や小さな親切も笑顔でできるでしょ。

この前、問屋街を通りかかったとき、あるお店の前に「素人の方の入店は固くお断りします！」って札が掲げてあったんです。その隣に並べて、「登録制です」「小売はしません」って、いくつも紙が貼ってありました。

問屋さんには問屋さんのルールがあるとは思いますが、最終的に商品を買うのは「素人」なんだから、もう少し違う表現はできないのかしら？　と思いました。

そうだね。そういう言い方をする人は、目先のことばかりで最後にいる「ありがたい素人のお客さん」が見えてないんだね。

「あそこで買いたい」「あの人に頼みたい」、もっと言えば、「あの人に会いたい」って思ってもらえるのが、神様の経営。

スピリチュアルな経済って、そういうことだよね。

2
時限目

お金を
「稼ぐこと」と「使うこと」。
知っておきたい大事なこと

受け取るお金は、
その人の貢献度に対する「拍手」。
遠慮せず、堂々ともらえばいいんだよ。

まず、「がんばっている自分」を
認めてほめるようにすると、
素直に受け取れるようになりますよ。

手元にくるお金は、人をよろこばした証し

「手元にくるお金は、人をよろこばした証しなんだよ」

お金の神様の言葉です。

「だから、笑って堂々と受け取ればいいの。稼ぐのがヘタな人は、拍手の受け取り方がヘタなんだよね。

人からお金をもらうのは申し訳ない、わたしにはもったいない、値段を安くしないと相手に悪いとか考えるのは、『素晴らしい』『ありがとう』って拍手してもらっているのに、困った顔で素通りするようなものなんだよ」

本当にそうですね。

でも、じつは、困った顔をする人の気持ちがわたしにはよくわかります。

「高額な代金をもらうと、人から悪口を言われるかもしれない」

と、数年前に悩んだことがあるからです。

わたしは現在、スピリチュアル・カウンセラーの育成をしています。お弟子さんをとるようになったのは、師匠の一人さんのすすめがあったからです。

「りえちゃん、これからはカウンセラーを育てる『先生の先生』になりなよ」

そう言われたとき、わたしはすぐに「はい」とは答えられませんでした。前述したような「迷い」が生じたからです。

数百人を前に講演するわたしを見た方たちは、度胸があって人前に出るのが得意だと思ってくださるようです。でも、本来は人見知りで、目立つことも苦手。高いお金をいただいて人を育てるのは、荷が重いように感じました。

返事を濁したままでいると、一人さんから「猿田神社（千葉県）に行こう」と誘われました。

猿田神社に続く参道を歩いていたときに、お金の神様が言いました。

「いまはまだ、一人さんの言っていることがわからないかもしれないね。

だけど、りえさんがカウンセラーを育てるのは、わたしたち神様も、人様も、みんながよろこんで拍手をしてくれることだよ」

その言葉を聞いた瞬間、わたしの迷いはぱっと消えて、「わかりました、やります」と答えていました。

「みちひらきの神様」と呼ばれる猿田彦さんは、なにかを新しくはじめる人が参拝すると、とんとん拍子にいくようにお力を貸してくれます。

一人さんは、ちゃんとそれも見越した上で、あのとき、わたしを猿田神社さんに連れて行ってくれたんだなあと思います。

そしていま、わたしには全国に600人以上のお弟子さんがいます。

ときどき、スタッフやお弟子さんたちから「わたし、がんばってますよね？」と聞かれることがあります。

「もちろんよ」と言ってあげたいのですが、いくらわたしが「がんばってるね」と言葉をかけてあげても、自分で自分を認めなければ穴の開いたやかんと同じです。安心は溜まりません。

だから、**「まず、自分で自分に『がんばってるね』って言ってあげてね」**と答えるようにしています。そうしないと、いつまでも自信が持てないし、どれほど収入があがっても心から満たされることはないからです。

一人さんにスピリチュアル・カウンセラーの育成をすすめられたときのわたしは、もっとも信頼する師匠である一人さんの言葉さえも、素直に受け取ることができませんでした。

それは一見、謙虚なように見えるかもしれませんが、師匠の拍手を素直に受け取らないのですから、何て傲慢《ごうまん》だったのでしょうか。

「ほら、誰にも悪口なんて言われなかったでしょ？　りえさんが先生の先生になったことによろこんで拍手してくれた人が、日本中にたくさんいたよね」

お金の神様にニコニコ顔で言われて、**「ちゃんと自分で自分に拍手をすれば、困ることは起こらないんだ」**と身に染みてわかりました。

いただいたお金の後ろには、あなたの働きでよろこんでくれた人たちがいます。自分で自分をたくさんほめて、「がんばってるね！」って拍手してあげてください。

お金を払うときは、
相手の商売が成り立つことを
考えて支払うんだ。
「自分だけ豊かになりたい」はダメだよ。

支払いは、自分勝手な欲を
なくすためのお祓《はら》いなんですね。
「ありがたい」と感謝しながら
払うようにしましょう。

まず、支払えるお金があることに感謝する

カウンセリングで、「なにかでお金を支払わなくてならないとき、いつも損した気分になります」と打ち明けた方がいました。その人は、とてもお疲れのご様子でした。神様が与えてくださった幸せのツールであるお金には、幸せな波動も、不幸せな波動も、同じくらい宿りやすいのです。

「いやだ、いやだ」と思いながらお金を使っていたり、支払わなければならないお金をいつまでも払わないでいたりすると、不幸せな波動を宿したお金をずっと持って歩くことになります。そうすると、自分のエネルギーがどんどん疲れてしまうのです。

もちろん、豊かな経済観念など身につきません。

いつも「いやな支払いをすること」が頭にあるので、お金が入ってきても元気が出なくなります。そのうちに、お金にまつわるすべてのことに頭を悩ませる悪循環に陥ってしまうでしょう。

家賃も、光熱費も、税金も、保険料も、食費も、「いやだ、いやだ」と言いながら結局は支払うのです。

人はお金を使わないと生きられないのですから、まずは、支払えるお金があることに感謝ですよね。

どうせ払うのなら、お金を使いながらどんよりした気分で過ごすのではなく、清き心でいたほうが、ずっと自分のためになります。

支払いって、自分勝手な欲をなくすお祓いなんです。

相談者の方には、「支払うたびに、『ありがたいな。わたしは、いま邪気を祓っているんだ』と思ってください」とお話ししました。

少し前のことですが、お茶を飲んだ喫茶店のお会計で、仏頂面でお金を払っている人を見かけました。

その人が投げるようにお金を置いたので、カルトンからカウンターに小銭が勢いよく飛び出してしまったほどでした。

外に出たあと、「気持ちよく払わないんだったら、お金を使っちゃいけないよ」と、お金の神様が言いました。

「この前も、わたしがあるお寿司屋さんの様子を見ていたら、お客さんで横柄な人がいたんだ。さも『払ってやるんだ』って態度なの。

自分がお寿司を食べたんだから、お金を払うのはあたりまえでしょ。お店に入って席に座ったら、何か頼まなきゃいけないの。そういう常識がないからお金を持てないんだ。

お金を支払うときは、相手の商売が成り立つことを考えてあげなくちゃね。自分だけ豊かになりたいって願ったって、うまくいきっこないよ」

そう話すお金の神様から、どこでも気持ちよく「ありがとうございます」「おいしかったです」ときれいな波動をいっぱい乗せてお金を払うことを教えてもらいました。

この世には、「出したものが返ってくる」という法則があります。

「お祓いできてうれしい。払えるお金があってありがたい。払うことで、誰かの役に立てて楽しい」

と、感謝しながらお金を払う人には、必ず、きれいな波動のお金が返ってきます。

「きょうも無事に支払えて、幸せな1日だったなあ。また、払えるようにがんばって稼ごう♪」

こんなふうに思えると、いつもお祓いをしている状態になって、自分も相手も世間も、そして神様もよろこばせる豊かな経済力がきちんと身についていきます。

寄付やボランティアは、
自分と人のよろこびのバランスが
とれるかどうかで判断するといいね。

「お金を使わない、日々のボランティア」
をすることも、
愛のある奉仕になりますよ。

お金を使わず「豊かな心」を寄付するボランティアが、経済の器量を広げる

ときどき、講座や講演会後の質問で、「やっぱり、寄付ってしたほうがいいのでしょうか？」と聞かれることがあります。経済の学びは一人ひとり違うので、必ずしも「したほうがいい」とはいえません。

「したいと思う人はやりましょう」というのが、わたしの答えです。

そもそも人生に起こるお金の問題は、すべてその人がするべき経済の勉強です。誰かがむやみに助けたことで、その学びを邪魔してしまうケースもあります。

だけど、もしもさまざまな事情で働けなくて、苦しんでいる人がいたら……。困っている人を助けられるお金を持っているのは、やはり幸せなことです。

ただ、寄付をすることで自分が困るのなら、してはいけません。

昔から、いろいろな宗教で、少しくらい自分が苦しくても慈善・社会事業にお金を寄付するのはいいことだとされてきました。でも、時代は変化します。

「いまの時代だったら、それぞれの教祖様は何て言うのかしら?」と、わたしはいつも思うのです。

「21世紀は、いっぱい稼いで無理なく寄付する心の豊かさを大切にしなさい」って、教えられるかもしれませんよね。

もしあなたが、寄付やボランティアをするかどうかで迷ったら、その行動をすることで自分と人のよろこびのバランスがとれるかな? と考えてみてください。

とれると思ったら、ぜひやりましょう。**お金は、自分も人も笑顔になる使い方をすることがいちばん大切です。**

また、「お金を使わない、日々のボランティア」も、あなたの経済の器量を広げてくれることを知っておいてほしいなと思います。

一人さんは、相手を幸せにするボランティアの天才です。

たとえば、飲食店の店員さんの態度がよくなくて不快な思いをしても、一人さんは絶対にそのことを相手に悟らせないで帰ります。

「ありがとう、おいしかったよ」と一人さんが笑顔で言うと、ブスッとしていた店員さんが顔をほころばせて、空気が明るくなるのがわかります。

「あの人たちは、さんざん言われてるんだ。『あなた、態度が悪いよ』『そんなんじゃ、お客さん来ないよ』って。でも変わらないんだよ。

わたしが『おいしかったよ』って大入り袋を手渡すと、ニコっとするよね。ふだん、けなされたり、怒られたりばかりしている人がほめられると、人の何倍もうれしいの。

そうすると、『次のお客さんには笑いかけてみようかな』とか、『もうちょっと感じよくしてみよう』とか、気分が変わるだろう？　これは、わたし流のボランティアのひとつなんだよ」

と、前に教えてもらったことがあります。

シャイな一人さんはけっして身元を明かしませんが、日本全国で人気者なのです。

ずっとそういうお師匠さんの姿を見てきて、**わたしも豊かな心を寄付する人になり**

たいと思い続けています。

「この世は、すべて奉仕なんだ。

お金をもらう有料の奉仕で誰かを助けることもできるし、あの人がいると雰囲気が明るくなるなとか、会うとちょっぴり得した気分になるなって思ってもらえる無料の奉仕もある。

どんな奉仕だって相手がよろこんでくれたら、いつか自分に豊かな経済となって返ってくるんだ。**だから、人生は、ちょっと人に得させる人がいちばんお得だよ**」

お金の神様が、そうお話するのを聞きながら、とある地方で乗った個人タクシーの運転手さんのことを思い出しました。

わたしが乗車してほどなく、運転手さんの携帯に電話がかかってきました。

ハンズフリーで通話を受けながら、「ちょっと待ってて、かけ直すね」と電話を切った運転手さんは、無線で仲間のドライバーさんに「いま逆方向を走ってるから、代わりに迎えに行ってあげて」と配車依頼をしました。

それほど遠くないホテルまで送っていただく間、運転手さんは似たようなやり取りを5件も繰り返したのです。

降りる間際、「すごい人気ですすね。直接、お客さんから依頼がたくさん入るんですね」と言うと、「いや〜、そうなんです。でも回り切れなくて。それでほかの運転手に振ると、お客さんも仲間もよろこんでくれますし」とニコニコしています。

こういう人は、言葉の使い方にも愛があります。

「東京からいらしたんですか？　ははあ、観劇ですか。僕はあの劇場に行ったことはないんですが、遠くから足を運ばれるくらいだから、すごくいい舞台なんでしょうね」

そう言っていただいて、旅先で過ごした時間がより特別なものになりました。**愛の無料奉仕の人は、とてもお得でうれしい気持ちにしてくれる名人です。**

その反対に、こんなこともありました。

数年前、同じ街でお世話になった別の運転手さんの話です。わたしが旅行でこの街を訪れていることを知ると、いきなり「ここは、ガサツでいやな街でしょ」と言ってくるので面食らいました。

「いえいえ、人はおもしろくてやさしいし、食べ物はみんなおいしいし、わたしは大好きですよ」

そう言ったのですが、運転手さんは首を振って、どれほどここは住み心地が悪いかを語るのです。

「ずっと大好きな街だったけど、この運転手さんの話を聞いていたら、『この街は住み心地が悪いのかもしれない』って思っちゃいそう……」

と、わたしは運転手さんの逆プレゼンを聞きながら、何ともいえない気持ちになりました（笑）。

気持ちのいいドライバーさんがいれば、お客さんは次もその人を指名して積極的にタクシーに乗るようになります。旅行客がたくさん訪れる大都市でお仕事をしているのに、もったいないなあと感じました。

困っている人を助ける。

相手が気分のよくなることを言う。

ともに愛のある奉仕です。

いずれも自分に無理のない範囲ですることが、自分も人も幸せにする寄付やボランティアの基準です。

相手が困るような値切り方をすると、
廻り回って自分の経済が
値切られるようになってしまうよ。

あなたの経済が誰かから
支えられているように、
あなたの買い物も誰かの
生活を支えているからですね。

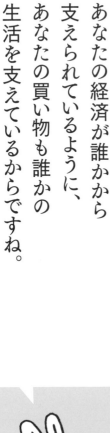

世の中の経済は、「支え、支えられ」ながら回っている

わたしの本を担当してくれている編集さんたちと話していたときのことです。

「帰りがけに、予約した本を図書館に取りに行かないと。あっ……、わたしったら、本をつくっている人間なのに、書店で買わないなんてダメですね〜」

ひとりの編集さんがそう言って苦笑いしました。

「そんなことないわ。あなたは、図書館の人たちを支えているのよ」

とわたしが言うと、その場にいたみんなが、「なるほど、そういう考え方があるんですね！」「じゃあ、わたしはパン屋さんを支えてから帰ろう（笑）」と、うれしそうに言い合いました。

おいしいコーヒーを入れる人、電車を運行する人、かわいいデザインをする人、きれいな絵を描く人、在庫や商品管理をする人、病院で働く人……。

そこには、それぞれの経済があって、その人たちを支える誰かがいます。

また、正規の品物を支えている人もいれば、セール品を支える人だっていま

す。どちらがお店に得をさせているか？　といえば、同じなのです。

だって、正規の値段では売れなくなった品物を買い取ってくれる人も大切なお客様

なのですから。

先日、お金の神様が「かわいい服を着ているね」とほめてくれました。

「あら、ありがとうございます。でもね、このブラウスは2か月前に買ったんですけど、昨日お店を見たらセールで安くなっていたんです」

わたしが、がっかりした顔で訴えると、

「でも、セールで買う人たちより2か月は早く着られた上に、みんなからほめられたんでしょ？　もう、もとは取れてるよ～」

お金の神様が大口を開けて笑いました。さすがお金の神様です。素敵な考え方ですよね。

たしかに、いち早くウキウキした気持ちでその洋服を着ることができて、幸せな気

分を支えてもらったのですから、十分に得をしたのです。

買い物をするときに値切るのが悪いことだとは言いません。値段交渉の掛け合いがコミュニケーションとして文化になっている場合もあるでしょう。

だけど、相手が困るほど値切ってはいけません。

お店の人が困っているのに、「もっとまけてよ！」としつこく食い下がるようなことをしていると、あてにしていた臨時収入が見込めなかったり、ご主人のお給料が下がったり、廻り回って、いずれ自分の経済も値切られるようになります。

わたしはなにかを買うときに、値段についてはいっさい交渉しません。

値段と品質、あるいはいまの自分の収入と値段が見合っていないと思うのなら買わなければいいという考えだからです。ただし、これはわたしの考え方です。

お互いに気持ちのいい値段交渉ができる人は、もちろんなさってくださいね。

この前、お友だちに紹介してもらった呉服屋さんで着物を仕立てたときのことです。

お店の方が6千円を引いてくださったのですが、とても丁寧で親切な呉服屋さんだったので、1万円をプラスして置いてきました。

それ以来、お友だちがその呉服屋さんに行くたびに、「あんな人はいませんよ、ありがたいですよねえ」と言ってくださるそうです。

そんなに何度もほめてくださって4千円は安すぎたな〜と思います（笑）。

呉服屋さんの経済をわたしが支えた反面、こちらも幸せな買い物の経験と着物を着たときのよろこびを支えていただきました。


みんなが誰かの生活を支えているし、誰かに支えてもらっています。

買い物をするときには、目の前の人はもちろんのこと、見えない相手にも思いを巡らせてみてください。幸せな感謝の気持ちが湧き起こってきます。

Q お金持ちになった友人にかける言葉は？

ほめる。
「よかったね」

仲のいい人との間に経済的な格差が生まれると、嫉妬の感情に苦しむ人が多いのですが、そこはやっぱり、「よかったね」って言ってあげるのがいいですよね。

人間って、成功した相手と関係が近かったり、境遇が似ていたりするときほど、「何で、あの人ばっかり成功するのよ！」って思うものなの。

でも、相手は経済の授業で成功したんだから、りえさんの言うように「よかったね」って言ってあげればいいんだよねぇ。

「いいな〜」って、うらやましがったままでいると、いつかやきもちに悩まされるようになります。カウンセリングにも、「いいな〜」で苦しくなった方がたくさんお見えになるんです。
「よかったね」ってよろこぶと、「自分もそうなりたい」って素直な憧れに変化します。そうすると、「じゃあ、自分があの人みたいになるためにはどうしたらいいのかな？」って、工夫が生まれますよね。

そうだね。相手がうまくいってるんだから、ほめればいいだけなんだ。ものすごく簡単なことだよ。
運がいい人は、ほめられると「この人に、自分の知っていることを教えてあげよう」って思うから、「よかったね、さすがだね」って言うと自分も得するよね。

たとえ相手からお返しがなくても、お金持ちになる方法や幸せになる生き方を出し惜しみせずに教える人には、さらに運が巡ってくるようになりますよね。

相手によろこんでもらえたら、自分の心も幸せになるからね。

本当は、親しい人が豊かになったときほどチャンスなんですよね。自分にも豊かさが近づいてきたってことですから。

そうだよ。だって、アドバイスもしてもらえるし、明るい波動を身近でたっぷり浴びることだってできるんだから。いいこと尽くしだよね。

以前、カウンセリングで、とても苦しんでいる男性がいらっしゃいました。
「同じ親から生まれたのに、兄は仕事で大成功して、妹は資産家と結婚しました。きょうだいで自分だけが経済的な落ちこぼれです。会社では、学歴で引けをとらない同期がどんどん出世していきます。いったい、なぜなんでしょう？」って。
ああ、この方は「なぜ？」をやめるために、立て続けにそういう経験をしている最中なんだなって思いました。

その相談者の人は、個性で成功する人が身近に次々と現れないと、「稼ぐ力は育った環境や学歴で決まる」っていう自分の思い込みの枠を壊せないんだね。
「成功を決めるのは個人の魅力・個性」だって最後のひと押しをもらうために、りえさんのところへ来たんだ。でもそれだって、愛のある神様のはからいなんだよ。
だから、ちゃんとうまくいってるんだよね。

はい。「こんなに身近で境遇も似ている人が成功したんだから、自分も豊かになれる！」って明るい考え方をしたら、さらに神様から愛のあるはからいをいただけるようになると思います。

3
時限目

お金の不安から逃れるには
どうすればいい？

欲を持つことは悪いことじゃないよ。

どうせなら、

「愛されるお金持ちになりたい」

という欲を持つといいね。

自分にしっくりくるサイズの
「素敵な欲」をたくさん持っている人を、
神様は応援してくれますよね。

「欲」は人間の原動力。素敵な欲張りになれば周囲の人に愛される

「欲を持つ」というと、いけないことのように受け取られがちです。でも、**欲は人が生きていく源《みなもと》です**。

神様が、この世を生きるエネルギーとして人に欲を与えてくださったのですから、欲がなくなったら、この世での学びがおしまいに近いということです。

食欲や睡眠欲が湧き起こるから人は命を守る行動をとるし、愛情を育むのも、「愛されたい」「愛したい」という欲があるからです。

「稼ぎたい」という欲は、経済を支えるとても大きな動力になります。

「稼ぎたい」の前に、「人を蹴落としてでも」「どんなずるいことをしても」がつくと、愛されない欲深いお金持ちになってしまうというだけなのです。

そして、「稼ぎたい欲」と同じくらい大切なのが、「お金を持ち続けようとする欲」です。

「ずっと豊かでいようと努力をするのは、あたりまえのことだよね」

と、お金の神様が話してくれたことがあります。

「『ほんの短い期間だけお金持ちになりたかった。もう満足したから、もとに戻して』っていう人は別として、人間はずっと豊かでいたいと思えば、その道ができる。だから、それに沿っていけばいいんだ。

『人から嫌われてもいいから、お金持ちになりたい』って思うと、そこが目的地になってしまう。どうせなら、ケチくさいことを言わないで**『お金持ち』にもうひとつ欲を足して、最初から『愛されるお金持ちになりたい』を目的地にするんだ。**経済のテクニックなんて、いくら知っていたって成功できないよ。素敵な欲を持っていない人に、わたしたちは味方しないからね」

そういえばずっと前に、一人さんが「わたしは偶然、銀座まるかんっていう会社をつくったわけじゃないんだよ」と話してくれたことがあります。

「従業員が5人くらいの小さい規模のままで、どれだけ自分の夢を叶えられるかって欲を持って、目的地に向かったの」

その言葉通り、本社の人数は創業時からいまもほぼ変わりません。

そして、一人さんは、「仕事で稼いで日本一のお金持ちになる」という欲以外にも、「品質のいいものを提供して、お客さんを幸せにする」

「人がよろこぶなら、自分ができることは全部やる」

という素敵な欲をたくさん持っていました。

あなたにはあなた、一人さんには一人さん、わたしにはわたしにぴったりとくる「経済の基準」があります。

同じように、欲にも自分にしっくりくるサイズがあるのです。

まずは、自分の基準に合う「稼ぐ欲」と「お金を持ち続けようとする欲」を持っていると、人生は安心です。

また、欲は「欲しい」という気持ちですが、単に自分が「欲しい」と願うだけではいけません。**それにプラスして「人に与えたい」という素敵な欲を持つと、周りの人があなたをほうっておかなくなります。**

素敵な欲はお金に限りません。知恵や明るさ、やさしさもそこに含まれます。

そして、人に愛されれば愛されるほど、稼ぐ器量と素敵なものを持ち続ける器量が広がります。

一人さんのすすめでスピリチュアル・カウンセラーになったとき、お金の神様から「りえさん、人から上にあげてもらえる光になろう」と言われました。

「りえさんが愛と光の人でいたら、周りの人が必ず上にあげてくれるよ。上にあがればあがるほど光は強くなっていくの。

そうすると照らす範囲が広がって、たった数人の前でした話と同じテーマの本を書くことになって、何万人って人に伝わることもあるんだよ」

その後、講演会や書籍の出版を重ねるようになり、わたしはこのときお金の神様が話してくれたことを次々と実感しました。

自分の欲だけで人を踏みつけて上にあがっていくと、いつかきっと引きずりおろされます。**経済の勉強は一人ひとりその内容が違うけれど、必ず周囲の人たちと愛を持って一緒に学ぶようになっているんですね。**

だから、「お金」「知恵」「明るさ」「豊かさ」「幸せ」が手に入ったら、持ち続ける努力をしながら、自分にできる範囲で人に与えてください。

誰かの役に立つ素敵な欲を持ったあなたは、与えるほどに内側から豊かさが湧き出す器になっていきます。

まず、自分のことを「揺るぎないスター」
だと思うんだ。
そうすると、小さな競争で
あわてることはなくなるよ。

自分の人生では、
誰もが光り輝く主役ですものね。
主役を張れる人は、
大切な誰かの脇役も演じられますよ。

人間は思いよう。自分に自信を持つことからはじめてみる

お金の神様は、いつも惜しみなく自分のアイデアや知恵を人に与え、いつもみんなの頭上に愛を降り注いでいます。あなたが豊かな行動をとれたなら、お金の神様の愛をきちんとキャッチできている証拠です。

でも、本当にときどきですが、努力しない自分を棚に上げてお金の神様の文句を言って、ほかの神様にすがろうとする人や、お金を手にしたとたん、まるでひとりで成し遂げた気になっていばる人もいます。わたしはそれがどうにも納得いかなくて、

「ああいう人がいてもいいんですか？」

とお金の神様に聞いたことがありました。

するとお金の神様は、何てことないよって顔で言ったのです。

「わたしはね、自分が応援した人がわたしにまるっきり感謝しなかったり、自分ひとりでやり切った気になったり、ほかの神様ばかりありがたがったりしても平気だよ。

そりゃね、がっかりはするし、2度目はないな〜！　と思うこともあるけど（笑）。だけど、わたしは、わたしが認める神様界で人気絶頂の大スターなんだ。ほかの神様や世間が認めるか認めないかは別として、わたしが自分でそう認めているの。

お金の神様という揺るぎないスーパースターは、ほかの神様のところへ行かれたら自分の人気が下がっちゃうとか、わたしが導いてお金持ちになった人が偉そうにしてるとか、そんな小さな競争であわてたり、腹を立てたりはしないんだ」

そしてお金の神様は、こぼれるような笑顔でこう言いました。

「りえさんも、『自分はかけがえのないスターだ』って思うんだよ。人間って思いようだからね」

いまなら、お金の神様の言ってくれたことがよくわかります。

でも、当時スピリチュアル・カウンセラーになったばかりの20代のわたしには、まだまだ不安がたくさんありました。

「もしも、自分が手助けしてあげた人に経済的なことや周りの評価で抜かれてしまったらどうするんですか？」

すると、

「『よかったね』って言えばいい。『この人をつくったのはわたしだわ』って思ってれば、幸せだよ」

と言われました。

「『親切』って、『親に成り切る』と書くよね。相手の親に成り切れば『親切』にできるんだよ。

もしも、りえさんに子どもがいて、その子が自分以上に豊かで幸せになってくれたらうれしいでしょ？　すべての人はわたしたち神様の子どもなんだから、縁があって知り合った人は、あなたの子どもやきょうだいと同じなんだ。

だから、みんなを笑わせたい、手助けしたいって、周りまでうれしくなっちゃう欲張りになるのがいちばんいいんだ」

その言葉を聞いて、当時のわたしの不安は一掃されました。

もしあなたが、「周りまでうれしくなる欲って何だろう？」って、すぐにはわからなかったら、いまはできていない小さなことから行動してみるのがおすすめです。

「人の悪口を言わない」

「1日に3つは楽しいことを考える」

「人を1日1回は笑わせる」

「笑顔で自分からあいさつする」

「困っている人がいたら声をかける」

「おいしいものを見つけたらおすそわけをする」

「1日に5回、人から『ありがとう』を言われる」

ほかにも、たくさんあると思います。欲張りなチャレンジを楽しんでくださいね。

自分の人生では、誰しもが光り輝く主役です。主役を堂々と張れる人は、ほかの人の人生で最高の脇役を演じることもできます。

あなたも、「わたしはかけがえのない最高のスターだ」って胸を張ってくださいね。

お金を使うときも貯めるときも、
3割の余力を残していると
器量が広がるし、余裕も生まれるよ。

いろいろ工夫した時点で、
神様が成功への道を
つくってくれるんですよね。
あとは行動するのみです。

余力を残したお金の使い方・貯め方をすると、自分にも人にもやさしくなれる

先ほど、「お金が貯まるほど、不思議と欲しい物がなくなっていく」と書きました。お金の神様にそう言ったら、「お金持ちになるってそういうこと」と返ってきました。

「りえさんは仕事がうまくいけばいくほど収入が増えてきたけど、暮らし方はずっと変わらないよね。なぜって、その生き方が幸せだからなんだよ。

きれいな着物で銀座を歩くのも好きだけど、お総菜のコロッケをコッペパンにはさんで、『おいしい』ってほおばるりえさんも、わたしはよーく知ってる（笑）。

りえさんが高いものを食べているとき、安いものを食べているとき、大都会を歩いているとき、下町で暮らしているとき、いつだって幸せなのは、お金がちゃんと貯まっているからだよね」

その言葉にハッとしました。

たしかに、お金が貯まっていないのに高いものを食べると、「ああ〜、ぜいたくしちゃったな……」と罪悪感がつきまといます。反対に安いものを食べると、「自分はこんな値段のものしか選べないんだ」と気分が落ち込みます。

どちらにしても、せっかくおいしいものをいただいているのに台無しですよね。

だから、「これまでの自分よりも、素敵なお金の貯め方をしよう」と、安心も一緒に溜まるような貯金をすることがとっても大事になります。

同じ貯金をするのにも、自分がやりがいを感じられる方法でないと安心は溜まりません。

たとえば、1円でも多く貯めようと躍起になって、やりたいことをすべてがまんして、自分にも人にも最低限のお金しか使わないで1千万円を貯めたとします。

やり抜いた努力は立派ですが、その人は1千万円を持つのが限界でしょう。

器量を広げるためには、全力ではなく7割くらいの感覚で経済を回すのが理想です。

使うときも貯めるときも3割の余力を残していると、自分にも人にもやさしくする余裕が生まれます。すると、お金を使いすぎたと後悔することがないし、貯まっていないとあせることもありません。

ひとつの目安としてわたしのやり方をお教えすると、わたしは昔から、お給料をいただくと、お小遣いと同額を貯金してきました。

月に使えるお小遣いが1万円、10万円と増えるごとに貯金も増えていったので、ずっと安心していられます。

お金の神様に、「経済を安定させるためにはどんなことが大切ですか？」と尋ねたら、「基本は2つ」と言われました。

「ひとつ目は、いまの収入で生きられるようになること。それができたら、2つ目に収入を増やすことを考える。それしかない」

ひとつ目をクリアしないままで収入を増やすことばかり考えると、使えるお金の幅が広がっても「足りない」気持ちが生まれます。

1千万円を貯めたいのなら1歩足を前に出して、3割の余力を持ちながら稼いで、使って、貯めることを目指していきましょう。

「このままだと実現するのがむずかしいかも」と思ったときは、「ほかに現実的な方法があるから、やり方を変えなさい」という神様からのお知らせです。

「成功を考えて、いろいろ工夫した時点で、わたしたちがその道をつくるから、行動すればいいの」

そうお金の神様は言います。工夫しながら行動すると魂が成長するので、1千万円が貯まったときには、2千万円を持てる器量になっていることでしょう。

3割の余力は人によって違います。「自分の器量に合っていること」が大切です。

稼ぐための究極的にいい方法は
「仕事を好きになること」。
どんな仕事でも、
工夫次第で楽しくできるよ。

人間は、工夫をする生き物ですし、
神様は、工夫する人を
応援してくれますよね。

仕事を好きになれれば、お金を稼いでいる間中、幸せでいられる

昔、お金の神様に言われて衝撃的だった言葉があります。

「預金残高を1億円にしたいなら、ブツブツ言わないことだよ。『これはできません』『あれはいやです』って言いながら1億円を持とうとしても無理だもん」

1億円を実際に見たこともなかったわたしが、「1億円って、この部屋が埋まるくらいたくさんのお金ですか？」と、6畳ほどの広さの自分の部屋で尋ねたときのことです。

お金の神様は、「新札の100万円の束は高さ1センチなんだ。1千万円を積みあげれば10センチでしょ。1億円を縦に積みあげたって、たったの1メートルだよ〜！」と大笑いしました。

そのあと、「りえさん、いずれ1億円を稼ぐ人になったら、1億円を持っていられる人になろうね」と、冒頭の言葉を言われたのです。

先日、このやりとりを思い出したので、あらためてお金の神様に「あれは、経済にまつわるお話でしたね」と聞いてみました。

「そうだよ。わかっているだろうけど、ブツブツ言うなっていうのは、文句を言わずにどんなにいやなことでもやりなさいって意味じゃない。

どうやったら稼げるのかって、みんないろいろなことを考えるけど、究極的には仕事を好きになっちゃえばいいの。そうすれば文句なんか出てくるスキがないんだよ。

仕事好きにならないと、仕事をしている間、ずっと不幸だよ。1日は24時間って決まってるんだから、仕事が終わったあとで充実感を取り戻そうとしても無理だよね」

「仕事がおもしろくないと、ほかに楽しみを見つけようとして浪費もしそうですね」

「そうだよ。『部長が怒鳴っていやなんです』って言うのなら、自分がそういうことをしない部長になればいい。

人は工夫をする生き物で、工夫する人にわたしたちは味方するんだからね」

サラリーマンの人が1億円を持ちたいと思ったとき、「いくら仕事好きになっても、1億円を貯めるのは絶対に無理だ」という心の声がするかもしれません。

でも、お金の神様は「奇跡を信じなさい」と言います。

「1億円を貯めたいって思ったら、必ずいきつくものなの。奇跡を信じて毎月3千円を貯めてたら、そのうち4千円、5千円って貯められるようになるし、なぜか奇跡が起きるの。とんでもなくいい展開が起きるものなんだよ。

『1億円貯めたいのに3千円ぽっちじゃダメだよ』とか言うかもしれないけれど、やり続けていると展開が変わってくるものなの」

いまできないことをいくら考えても仕方がありません。**できることからはじめれば、ちゃんと成功者の道ができあがっていきます。それは神様の摂理です。**

ある場所でこの話をしたら、「わたしは専業主婦だから、夫にがんばって仕事好きになってもらわなくちゃ」と言った方がいました。

たしかに、会社からお給料をいただくのはご主人かもしれません。

でも、「稼ぐのは自分の仕事ではない」と考えている彼女が、「お給料、ちっともあがらないのね」「また残業手当カットなの?」と、ご主人に文句を言っているイメージが、わたしには瞬時に伝わってきました。

「それなら、あなたの仕事は、ご主人が仕事によろこびを持って稼げるようにすることね。あなたも『夫に稼がせる』という自分の仕事を好きになりましょう。

ご主人に感謝をしてねぎらったり、リラックスして元気になれる家庭にしたり、おいしい料理をこしらえたり、すごくやりがいのあるお仕事よ」

そう言うと、その人が「わたしが最近、主婦業をサボっているのがバレちゃったんですね!」と赤くなったので、その場にいた人たちが「いけない、わたしもだわ」「夫の稼ぎを責める前に、まず自分の仕事をまっとうしないとね」と笑いました。

どんな仕事でも、工夫次第で楽しくなります。

仕事好きになった人は、必ず幸せな成功者になっていきます。

子どもには、お小遣い以外に
不意打ちの不労所得をあげよう。
そうすると、
お金を持つ器量が広がるよ。

不労所得をもらった経験の
ある子どもは、
自分の稼ぐ器量を無意識に
制限することがなくなります。

理由なくあげるお小遣いは、お金持ちになるための英才教育

残念ながら、「経済オンチ」な人は存在します。

それは、経済の基本がわかっていないから。小さいときに覚えたくせが抜けなくて、経済の器量がなかなか広がらないのです。そういう人は大勢います。

だから、早くから大切な経済の話を親が子どもに教えてあげるようにしたら、21世紀はどんどん経済に達者な人が増えていくだろうと思います。

もちろん、経済に長けた親が育てた子どもが経済オンチになることもあります。それは、その子の魂が「失敗を繰り返しながら学ぶ」という課題を持っているからです。そうした例は除いて、親からの教育で、その子の経済が早くから助かることはたくさんあると思います。

あなたや、あなたの身近にお子さんがいたら、次の2つのうち、できることをぜひやってみてください。

＊かわいい子には、アルバイトをさせよう＊

わたしは10代からアルバイトをしていました。

自立する前に、稼ぐことと自分で稼いだお小遣いの範囲でやりくりすることの両方を学ぶことができて、とてもいい経験になりました。

初めてアルバイトを経験したのは高校生のとき。社会に参加したばかりの、いわば若葉マークです。稼ぐことのベテランである大人たちが親切にいろいろ教えてくれたり、失敗しても多めに見てくれたりするありがたい立場でした。

とくに、神道の作法や接客の所作を覚えられた巫女《みこ》さんのアルバイト経験は、いまの仕事にも大いに役立っています。

でも、アルバイトが校則で禁止されている学校もありますよね。その場合は、家庭で親のお手伝いをさせて、働きに見合うアルバイト料を払うのがおすすめです。

親が雇い主になるなら、幼稚園や小学生の子にも「働いて稼ぐよろこび」を実感させることができます。

わたしも小さいときに両親の肩たたきをしたり、玄関を掃き掃除したりして、ごほうびに50円や100円をもらいました。いま考えると、あれも立派なアルバイトですよね（笑）。

家庭によって、子どもにやってもらいたい仕事は違うと思いますが、緊急度や優先順位が高いものは料金を高くするなど、「わが家の基準」があるといいですね。「お風呂掃除は1回200円だけど、いますぐやってくれたら400円」「いつも以上に丁寧にお皿を洗ってくれたから、プラス200円」

こんなふうに、働き方によって金額が変動するのもいいでしょう。当然、手を抜いたら金額は下がります。

実際の社会と同じように、「いい働きをして人をよろこばせれば、お金はさらに稼げる」という基本を子どもが覚えるきっかけになります。

ここでひとつ、大事なことがあります。

子どもが自分で稼いだお金の使い道には口を出さないでください。

「えーっ、ゲームに課金した⁉」

「マンガ買って、ファストフードに行って、終わり？」

「ちょっとくらいは貯金しなさいよ！」

「もっと役に立つことに使えないの？」

きっと、親御さんはいろいろ言いたくなるんだろうなあと思いますが、そこはぐっとがまんです（笑）。

自分だって、親にお給料の使い道をあれこれ詮索して責められたら、いやだなあと思いますよね。

貯金しないでお金を使い切ってしまって困る経験や、後悔するような使い方をした経験を通して、子どもは経済の勉強をしています。

「この子は、いまはまだこの段階なんだな～」と、こらえて見守ってあげてください。

もちろん、勉強しないでゲームをしているとか、見すごせないところがあったら、「親との約束を破っている」という部分で叱ってあげてください。

＊かわいい子には、不労所得をあげよう＊

「働いているほとんどの人は、労働以外でお金が入ってくるのはいけないことだって思ってるよね。実力以上にもらうのは悪いことだって思うわけ。

そういうふうに考えていると、たとえばサラリーマンだったら、『これ以上、豊かになれるわけがない』って、自分で自分に制約を与えちゃうんだ。そういう波動を天に出しちゃう。でも、そうじゃないんだ。

そうじゃないってことを、親が子どもに小さいときから体験させてあげるといいね」

お金の神様がそう言いました。

お子さんが高校生になった人から、「お小遣いをいくらにすればいいのか迷う」と相談されたんです、とわたしが伝えたのが発端でした。

「わたしは、みんなに『いつもありがとうございます』って手を合わせてもらうことがたくさんあるでしょ？　そこに明確な理由なんかないの。人に『ありがとう』って言われることがあたりまえになって、わたしは神様としての器量がますます広がるわけ。

子どもも同じだよ。『おっ、元気か？　おまえはかわいいな』って、それだけでお金をもらえるとするじゃない。**そういう臨時収入があると、自分にお金が入ってくるってことがあたりまえになるの。**お金を持つ器量が広がるんだよ。**不労所得をもらうと、人って元気が出るんだよね。**とたんに人生が楽しくなっちゃう。それは、大人でも子どもでも同じなんだ。

だから月のお小遣いは定額だとしても、ときどきいくらか余分にあげるといい。誕生日とか、お正月とか、そんなときじゃなくてね」

最初にアルバイトの大切さについて書きましたが、働いてお金を手にするのは「実力で稼ぐ」ということです。定額のお小遣いも家庭の決めごとです。

それに対して、**お金の神様がすすめる理由なしにあげるお小遣いは、不意打ちの不労所得であり、「実力以上に稼げることを教える英才教育」なのだそうです。**

「働かないで不労所得ばっかりもらっている人も社会では通用しない。でも、働いた分だけしか収入がないのも貧しくなってしまう」

と、お金の神様が教えてくれました。

この世は神様のはからいで、いまの力以上のポストや収入をいただけます。大人からもらえる不労所得によって、そのことを小さいときからわかっていると、他人が実力以上のものを手にしたときに、妬まないで「よかったね」と言える人になります。

Q 貧しさを引き寄せる原因は？

「自分は貧しい」という思い込み。

行きすぎた心配。

お金の神様のおかげで十分な貯金ができるようになってきた当時のことです。「それでも不安なんです」とお話ししたら、「あんまり自分をいじめちゃダメだよ。怖がってないで、もっと稼いでお金を貯めよう！」って言ってくださったことがありましたよね。

人って、上にあがると「落っこちたらどうしよう」って恐怖を覚えるんだ。それは、いたってまっとうな感覚だよね。

実力以上にお金が入ってくると怖くなる。だけど、わたしたち神様はその稼ぎに追いつく人だと信じて先にごほうびをあげたんだ。だから、神様のはからいで上にあげてもらったら、そこで実力をつけちゃえばいいんだよ。

神様が少し待ってくれている間に、自力で土台をしっかりつくればいいんですね。それなのに心配するだけで行動しないと、神様が手を離したときに、いちばん下まで落っこちてしまうということですね。

そう。わたしたちが待っている間に、自分と相手と世間、そしてわたしたち神様の四方が納得する生き方を考えないといけないよ。「四方よし」って、いちばん魂が成長するんだ。

「こんな大金を持ってどうしよう」ってうろたえる人もいるけれど、それは違う。世間の人が間違っちゃうのは、「自分がどうしたいか」を考えてないから。

お金って自己責任のものなんだ。

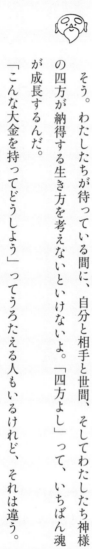

わたしがお金の神様に不安を訴えたときは、「この貯金額では、まったく豊かさが足りない」って思っていたんです。
でも、いま振り返るとそれは過剰な心配で、「自分がどうしたいのか」がわかっていませんでした。この世に心配はつきものだけど、行きすぎると貧しさを引き寄せますね。

貧しさの根本って、「自分が上にあがるのはおかしい。わたしに稼げるはずがない」っていう思い込みなんだ。
こういう思い込みからの逃れ方はいくつもある。清く貧しく生きようとかね。自分がそれを好きならいいんだよ。この世の中に決まった答えはないんだから。

はい。思い込みや、行きすぎた心配の乗り越え方は、人によってまったく違いますね。人の数だけ答えがあるから、わたしはカウンセラーのお仕事を続けさせていただけるんですね。

そうだよね。あのとき、りえさんの様子を見ていて、「もっと稼げばいいんだよ」って思ったんだ。だけど、もっと稼げば、もっと不安になる人もいる。

そういう人には、「人生はお金の多い少ないじゃないよ」って声をかけるだろうね。

お金の不安って、なにからきているのかみんな違うんだ。


「うまくいかないときは、立ち止まって行動を変えてみるときだ」とも、教えてくれましたよね。

「『自分には貧しさが似合う』という思い込みを捨てなさい」「必要以上に心配するのをやめなさい」といくら言っても、なかなかできない人が多いです。

それならば、幸せになることにお金を使うとか、月々の貯金をいまよりも多くできるようにがんばるとか、実際の行動を変えるといいですね。


うん。みんながわたしから正解を聞きたがるけど、自分が考えて動くしかないんだよ。動いたことが正解になっていくから。あのね、どうせ、うまくいくんだよ。

どっちにいったって、人生はうまくいくようにできてるの。

間違ったってことは、そこまでしないとわからなかった自分がいるってこと。だから、やってみればいい。この世の間違いは、「やらなかったこと」だけなんだよね。

間違ったときは、幸せな道はそっちじゃないと神様に教えていただいていることと一緒ですね。怖がらずに、動くことが大切です。

そうだね。勘違いしちゃいけないのは、お金っていうのはなきゃ困るけど、うんと持ったからといって幸せになれるようなものではないってことなんだ。
ガソリンがなかったら車が走らないのと同じで、人はお金が0円だと走れない。
だけど、満タンの人がみんな楽しく走っているかといえば、そうじゃない人もいる。

幸せは、「幸せだ」って思う心が決めるものですものね。

そういうこと。1兆円を持ってたら、すごく幸せになりますか？　そんなことないんだよね。大金持ちになってもごはんは1日3回しか食べられない（笑）。

5食も6食も食べたら肥満になるのがオチだよね。

わたしは、その3回の食事を「本当に食べたいものはなにかな?」って、自分に問いかけながら生きている人が好きだな〜。

お金儲けのうまい人こそが神様に愛されている人なのかといえば、それもちょっと違いますね。この世を生きるために、お金は必要不可欠です。なさすぎると不幸せになりがちだけど、いちばんいいのは、自分が心からよろこべるところにお金を使える人生です。

好きなことをして好きなものを食べているうちに、お金を使わなくなっちゃったお金持ちもいっぱいいる。
海外でクルージングするよりも近所を散歩していたいとか、懐石料理じゃなくて定食を食べたいとか、よろこびって人それぞれだから。

いつでも自分の望みがわかっていて、その通りにしている人こそが本物の豊かな

お金持ちですよね。

この本を読んでくれているあなたも、「高いものだけがよくて安いものはダメだ」とか、「自分は貧しい」とか思い込まないで、心配しなくてもいいように行動を変えていってほしいな、と思います。

4
時限目

がんばっても貧しい人、
ラクをしてもお金持ち。
決めるのは自分

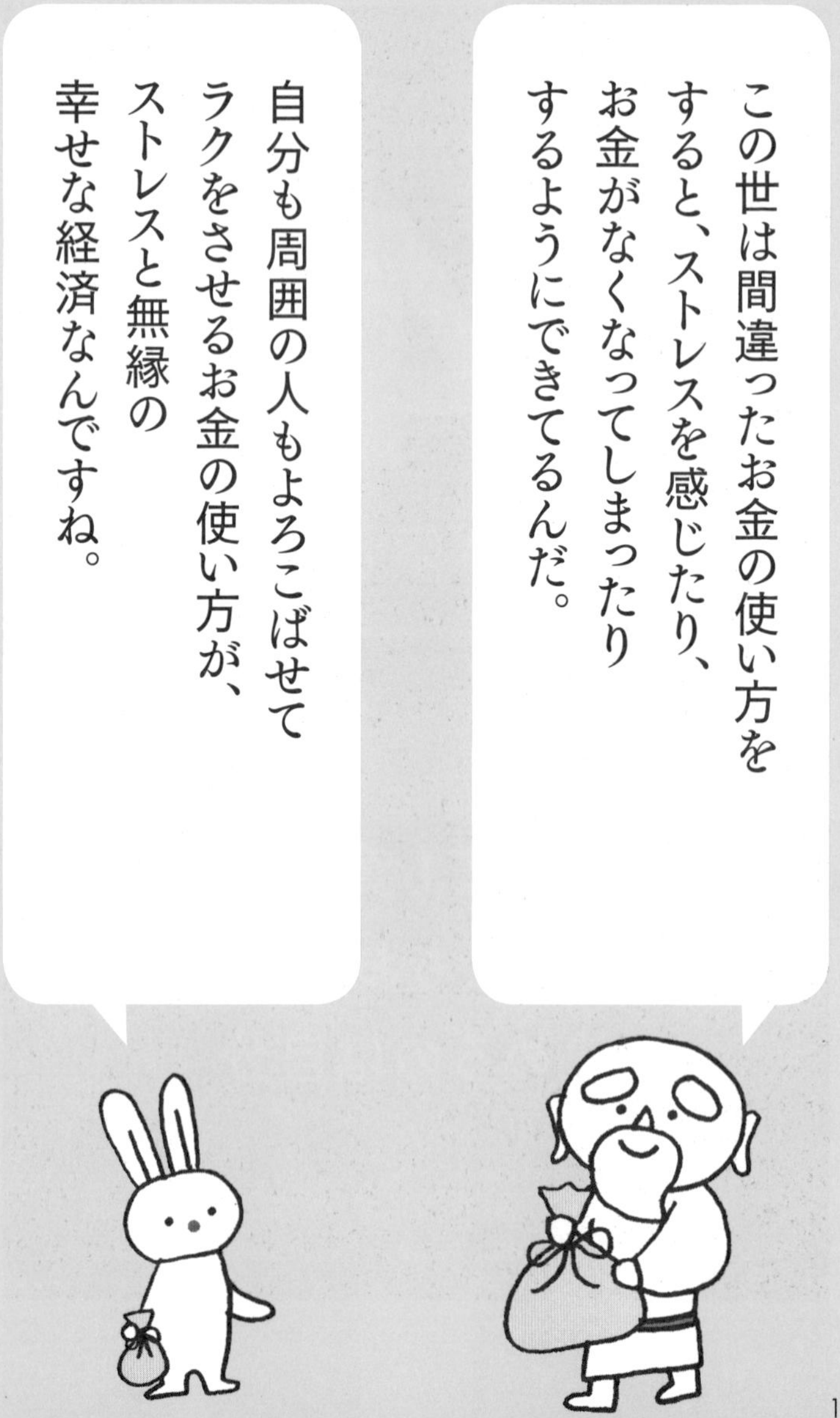
この世は間違ったお金の使い方をすると、ストレスを感じたり、お金がなくなってしまったりするようにできてるんだ。
自分も周囲の人もよろこばせてラクをさせるお金の使い方が、ストレスと無縁の幸せな経済なんですね。

「よろこびという利益」が出るのが、正しいお金の使い方

お金を稼いだら、よろこびが先々にも続く楽しいところに使いたいものです。

以前、わたしが好きな絵を買ったときに、一人さんが「いい買い物をしたね。お店に飾るんだぞ」と言いました。

「その絵を見てくれた人がよろこんでまた来てくれるだろう？　絵の代金のもとがとれるだけじゃなくて、利益まで出ちゃうんだから、本当にいい買い物をしたな」

商人の一人さんらしい言葉です。でも、**商人ではない人も、「よろこびという利益」が出るお金の使い方をすると、ストレスとは無縁でいられます。**

お金を使うときにストレスを感じたり、お金がどんどんなくなってしまったりしたら、使い方が間違っているということなのです。

「あの世は想念の世界だから、お金はいらないの。

あるのは『思い』だけなんだけど、この世ではその思いが正しいのかどうかはわからない。そこで、お金を使いながら確認していくんだ。

ようは、**この世は間違ったことをするとお金がなくなっちゃうようにできてるんだ**」

お金の神様が教えてくれました。お金を使う瞬間だけが楽しくて、あとから苦しくなるのなら、その思いは間違っていたということ。そこには、魂を向上させる経済が成り立っていません。

経済の基本は、個人の収入によって異なります。サラリーマンの人にはサラリーマン、社長には社長、国には国の経済があります。

その基本を大切にしながら、楽しく稼いで、よろこびの利益が出るところに使うのがいちばんです。

自分が本当に欲しい物、うれしいことがわかっていないと、楽しく使うことはできません。

たとえば、手に入れただけで満足してしまって着ていない洋服、使っていない化粧品、読んでいない本、食べていない食品……。家の中にそんなものがありませんか？見るたびにうれしい気持ちになる物、思い出すと楽しくなる経験に使ったお金は、いつまでも「よろこび」という利益を出し続けてくれます。

さらに、**この世は「人をラクにさせた人が、いちばんラクできるようになっている」**のですから、自分だけではなく、人のこともラクに楽しくさせるお金の使い方ができたら最高です。

周囲をラクにする使い方をすると、人を楽しませた分だけ自分の器量が広がっていくので、使ったお金以上に何倍もお得なのです。

でも、できるだけ人にごちそうしたり、プレゼントをたくさんあげたりしましょう、とおすすめしているわけではありません。

使わない物があったら、よろこんでくれそうな人に差しあげたり、バザーやリサイクルショップに出したりする。

お店で素敵な時間を過ごせたら、「おいしかったです。コーヒーでも飲んでください」と笑顔で500円玉入りのぽち袋を置いてくる。

これも、立派に自分も人もよろこばせるお金の使い方です。

「ケチな人ってね、お金を使わないわけじゃないんだよ。自分にはたくさんお金を使って、自分以外の人にはお金を出さないのがケチ。自分にも出さないのは、しみったれ。渋ちんなんて言葉もあるけど、種類が違う」

お金の神様がそう言っていたのですが、お金をケチに使って嫌われる人もいます。誰かの生活を支えられるだけのお金を持っているのに、もったいないことですね。

「お金を出して人に頭を下げさせようとするから、いやがられる。りえさんは、きれいなお金の使い方をしようね」

このお金の神様の言葉を若くして聞けたのは、わたしにとってとても幸運なことでした。魂が成長してくると、「いくらお金を持っていても、人から嫌われたらつまらない」ということがわかってきます。

この世で楽しく経済を学び続けるカギは、自分にも人にも「よろこびという利益」の出るお金の使い方ができるかどうかです。

人と自分を比べて
つらくなってしまうことがあったら、
「わたしは豊かになれる」と
自分に言ってあげるといいよ。

豊かな人を見たら、
「よかったね」と言って、
あなたは自分のいまできることを
やりましょう。

他人の価値観や評価でなく、自分の「好き」を優先させる

「あの人はとても素敵な家に住んで、いい車に乗って、子どもたちを私立の名門校に通わせて、家族で海外旅行もして……。それに引き換え、わたしは……」

人の経済状況を垣間見て、「自分の人生はつまらない」と感じてつらくなってしまうことがあるかもしれません。

そんなときほど、自分で自分に「信じているよ」と言ってあげてください。

人と自分を比べてつらくなるのは、「自分はあの人みたいに、経済的に豊かになれるはずがない」と思い込んでいるからです。

あきらめてつらくなるために、この世で魂の勉強を続けている人はいません。夢を持って行動しはじめたら、すでにあなたも豊かな人なのです。

「具体的な年収や経費がどうのって、くだらない計算はしないの。精神論者は精神論

でいかなくちゃ（笑）」

お金の神様がそう言うので、ひとしきり笑ったことがあるのですが、**「わたしは豊かになれる」と自分を信じてあげる心が、豊かな道を歩く足取りを支えます。**

豊かな人を見たら、「よかったね」と言って、あなたは自分の夢に向けて、いまできることをやりましょう。

それがわかっていても、どうしてもうらやましいと感じる人がいるのなら、「本当に、その人の人生ごと欲しいと思う？」と自分に聞いてみましょう。

どれほど豊かで幸せそうに見える人でも、必ず悲しみや悩みを持っています。

器量の大きさは人によって違うので、その人なら5の力で乗り越えられる試練も、あなたがぶつかったら100の力が必要かもしれません。器量はいまの自分のままで、相手の幸せも悩みも丸ごと欲しいと思うのなら、理想を目指してがんばってみるといいですね。

でも、ラクに儲けられる方法を考えているうちは、一生、憧れのあの人のようにはなれません。

お金は幸せになるためのツールですから、本当はいますぐ幸せになることだってできるんです。

おいしいコーヒー、読みたかった文庫本、懐かしい曲、素敵なポストカード……。いずれも数百円で手に入りますが、とっても幸せな思いをもたらしてくれます。

高価な物や人気のスポット、話題の食べ物には、たしかに魅力があるのでしょう。けれど、そうしたものばかりにお金を使っていて、本当に幸せになれるんでしょうか？

他人の価値観が生んだ「○○な物」「△△なこと」は、自分の「好き」ではなく、他人の「評価」にお金を払っていることになります。

そして、その評価はたいてい長持ちしません。またすぐに誰かの持っている物がうらやましくなって、人と自分を比べてつらくなるというループにはまります。

話題の物や高価な物を目に見える部分に押し出している人は、それらのアイテムが自分の魅力を高める武器なのでしょう。

けっして、それがいけないわけではありませんが、その人がつけている100万円の指輪を素敵に感じるのは、単なるジュエリーへの憧れです。あなたが心から素敵だと感じる人がつけていたら、たとえ1000円のリングだって、「同じ物が欲しいな」って思うに違いありません。

素敵な家や高価な車を持っていなくても、「あの人って、なんて素敵なのかしら」と憧れられる人はたくさんいます。あなたは、ぜひ、そんな人を理想にしてくださいね。そして、人の暮らしや持ち物を自分と比べることなく、人柄を素敵に磨いていっていただきたいなと思います。

あなたがきょうを一生懸命に生きていたことを誰かが見てくれています。「わたしには、身近にそんな人はいません」と思っても、お金の神様や守護霊さんやご先祖様は必ず見ていてくださるんですよ。自分の魅力と可能性を信じてください。

間違ったワクワクは
続けられないようにできている。
それは、地球という星の仕組みだよ。

ワクワクすることに出会ったら、
それが目先のものか、
未来につながるものかを
考えてみるといいですね。

お金は、「未来につながるワクワク」のために稼ぎ、使うもの

「ワクワクすることにお金を使う」

これって、すごく素敵なことですよね。

そのワクワクが未来にまでつながっていると、幸福な経済の土台がつくられていきます。

わたしがいま迷うことなく自分がワクワクすることにお金を使えるのは、そのワクワクが目先のことだけではなく、しっかりと稼ぐ「未来のよろこび」にもつながっているからだなあと思うのです。

わたしは、ハワイがとても好きです。大衆演劇の観劇も大好きだし、テーマパークに行くときはいつもワクワクします。

だけど、「ワクワクするんだから、いいよね～♪」と、しょっちゅうハワイや観劇

やテーマパークにばかり行って遊びほうけていたら……。

お客さんやお弟子さんにあきれられて、周りには誰もいなくなってしまうでしょう。

「自分のワクワクに正直でいる」

と言うと、それがどんなことでも素晴らしいように感じられますが、実行することで人に嫌われる内容なら、そのワクワクを押し通してはいけません。

極論になりますが、ワクワクするからといって犯罪を起こしたり、仕事をしないで人のお金で遊んでいたりしたら、はたして最後までワクワクできるでしょうか？　ということです。

お金を使ってなにかをしたくなったら、これは未来につながるワクワクかな？　と、ちょっと立ち止まって考えてみるといいかもしれません。

10年間くらいは働かなくても食べられるだけの貯金をしている人でも、10年後の暮らしぶりがいまと同じ保証はないでしょう。

もしかしたら、もっとお金のかかることが起きるかもしれません。

だから、わたしは目先のワクワクではなく、「未来につながるワクワク」のためにお金を稼いで、稼ぐだけじゃなく、ちゃんと考えて使います。

「あきらかに間違ったことにワクワクし続けていると、『これは間違いだ』ってわかる現象を神様が起こすんだよ。

ようするに、間違ったことは続けられないってこと。それがこの地球という星の仕組み。それもわたしたちの愛なんだよ。

だから、心配しすぎないで、『ワクワクする』って思うならやってごらん。それでお金がなくなったら、『ああ、学んだんだな』と思って、やり直せばいいんだから」

そうお金の神様に言われたこともあります。

夢やワクワクは大事だけれど、いまの生活と現実はもっと大事です。

わたしは、「もう一生、食べるのに困らないよ」と言われても、働くのをやめないでしょう。仕事がなによりもわたしをワクワクさせてくれるからです。

あなたが、「わたしも働くのが好き。ワクワクする」と思ったら、経済の道理に通じています。自信を持ってくださいね！

目先でなく、未来のワクワクにつながることにお金を使っていけると、人生を豊かにする経済の土台が揺るぎなくなります。

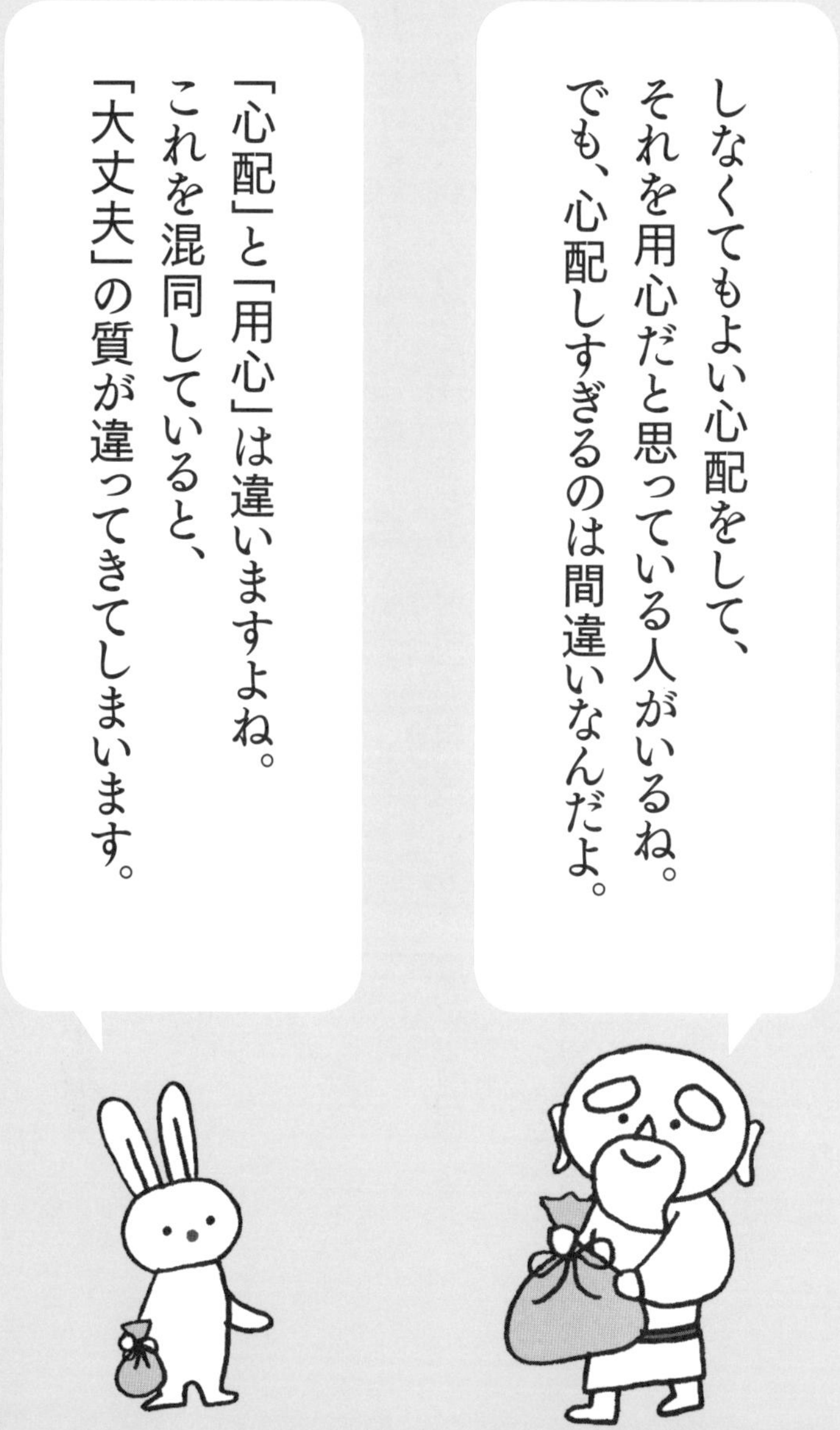
しなくてもよい心配をして、
それを用心だと思っている人がいるね。
でも、心配しすぎるのは間違いなんだよ。
「心配」と「用心」は違いますよね。
これを混同していると、
「大丈夫」の質が違ってきてしまいます。

日々の幸せを感じる時間を増やしていくと、心配性が治る

人生がうまくいかなくなるのは、「いまの自分が置かれている状況」がわからなくなってしまったときです。

「家を買うときに長期ローンを組んだのですが、将来、大丈夫でしょうか。このまま払い続けていけるのか、心配で心配で……」

これは、わたしがお受けするお金に関係する相談でいちばん多いご質問です。

ローンを組むときは、金融機関の専門家が「この人にとって無理のない返済負担率だ」と太鼓判を押して、ローン審査を通ったのです。だから、余計な心配など必要ありません。

疑うことをやめないと、いつか心配した通りの未来を迎えて、「ほら、やっぱり」と言うことになります。でも、その未来は自分が設計して実現させたものなのです。

「心配性の人がとても多い」という話をお金の神様にすると、「そういう人は、ローンの審査が通っても、通らなくても、何にでも悩むんだ。そういう性質なんだよね」

と返ってきました。

「その人たちは、なぜそんなに悩むんですか？」

と、わたしが聞くと、お金の神様は即座にこう答えました。

「**心配することと、用心することを勘違いしてるんだ。**心配さえしていれば、悪いことは起こらないってさ。だから、自分では、いいことをしているつもりでいるの。

心配性の人は、『安心していると悪いことが起きる』と思ってるんだね。それは小さいときから思い込んできた習慣だから、変えるのは大変なんだよ。

だけど、**心配しすぎるのは間違いだってことをまず認めないとね。**

『心配』と『用心』が違うように、『油断』と『安心』も違うんだ。油断しないで安心している人は、ローンが払えようが払えまいがうまくいくんだから」

たしかに、「貯金はゼロだけど、何とかなるでしょ。大丈夫、大丈夫」と油断をしている人と、「なにが起きても向き合うから、わたしは大丈夫」と安心している人では、「大丈夫」の質が天と地ほども違いますよね。

それでも、心配することがやめられないという人は、1日の中で幸せを感じる時間を少しずつでもいいので増やしていくようにしましょう。好きなことをして、好きなものを見て、好きな人とおしゃべりをして、好きなものを食べて。

そのうちに心配よりも幸せの割合が多くなってきて、うまくいきだします。

「家族がいて幸せだな」「仕事がうまくいってうれしいな」とか、ローンと離れたところで幸せを味わうようにすると、お金に対する考え方が変わってきます。

ある相談者の方の話です。

「夫の収入があがったのをきっかけに、念願の一戸建てを買いました。家族で遠出しやすいように車も買い替えて、総額6000万円のローンを組みました。

共働きなら無理なく返せるだろうと思っていたのですが、購入価格が高かった分、家や車の維持費もバカにならなくて。病気でもして、どちらかが働けなくなったらどうしようと思うと心配で仕方ありません」

と、その人はとても不安な顔でおっしゃいました。でも、長期ローンを選んだのも、頭金をさほど入れなかったのも、すべて自分たちの判断です。

そう判断したのなら、その条件の中で豊かで幸せになろうと決めることです。

「ローンを組んだのは、家族みんなが幸せになれると思ったからでしたよね。子どもたちにひと部屋ずつ個室を与えたい、広い庭で犬を思い切り遊ばせたい、大きな車でお互いの両親も乗せて出かけたいって思ったんでしょ？

いま、すべて叶ってるじゃないですか。その幸せをもっと味わって、感謝して、どうしても心配なら、少しでも繰りあげ返済できるようにがんばればいいの」

「本当だ、夢見ていたことが全部できてるのに、『苦しい』『不安だ』って不満ばっかりになっていました」

わたしの言葉に、彼女は目を丸くしました。

いまをきちんと見ないと、まだありもしない未来の心配で経済がぺしゃんこになります。いまある幸せと、いまできる行動にしっかり目線を合わせていきましょう。

愛のない言葉は不経済だよ。
愛のない言葉は貧しさを引き寄せ、
愛のある言葉は豊かさをもたらすの。

愛のない言葉が思い浮かんだら、
自分の大切な人に言えるか、
大切な人が誰かにそれを言われたら
どんな気持ちになるかを考えてみて。

言葉は人が紡ぐもの。楽しくて愛のある言葉は豊かさを引き寄せる

せっかく経済の勉強をしていても、言葉の使い方で台無しにしてしまうことがあります。

「本当のことを言って、なにが悪いの？」と言う人もいますが、お金の神様は、「たとえ本当のことだとしても、そこには愛がないよね」と言います。

「『太ってますね』『不美人ですね』『お給料、安いんですね』」

こんなこと言ったところで、誰も得をしないでしょ。愛のない言葉は不経済なの」

お金の神様の言う通り、言葉にも「経済」があります。愛のある言葉は、自分にも人にも豊かさをもたらしますが、愛のない言葉は貧しさを引き寄せます。

つまり、言葉の使い方が悪いと、人生がどんどん不経済になっていくのです。

お金を動かしているのは人ですよね。だから、**人を感動させたり笑顔にさせたりす**

る言葉でも経済は動くのです。

これが、お金の神様が言う「神様の経営」です。

「出会う人のすべてが、あなたの人生の岐路なんだ。いま、あなたの目の前にいる人は、自分の経済をよくするのか、悪くするのか、その分かれ道なんだよ。

いつも感じのいい言葉を話していると、その岐路が少しずつ変化してくる。一つひとつは小さな差だけど、やがて進路を曲げる大きな変化になるよ」

お金の神様が、**「正しいことではなく、楽しくて愛のあることを言いなさい」**と教えてくれるゆえんです。

先日、お弟子さんのひとりに、こう打ち明けられました。

「あまりにもひどいことを言ってくるお客様がいたから、『もうお店には来ないで』って言ってしまったんです。でも、あれでよかったのでしょうか……。

りえ先生、どう思いますか？」

わたしも、これまでにいやなことを言われたなと感じたことはたくさんありますし、千人にひとりくらいの割合ですが、サロンへの出入りを禁止にした人もいます。

どう言葉を尽くしても、わかってもらえない人もいるのです。それは、その人がその段階にいて学んでいる途中だからです。

いまの自分が使える最大限の愛のある言葉を伝えてもダメだったら、さようならを言っても間違いではありません。

「自分はこの程度のいやな言葉で揺れる段階なんだな」と気づく機会をもらえたと思って心を切り替え、もっと上のレベルを目指していきましょう。

わたし自身、いまよりもっと若かったときには、お客様からの「結婚してない先生にはわかってもらえない」とか、「先生は、子どもがいないからそうおっしゃるんですよね」という言葉に傷つくこともありました。

でもいまは、「あの人たちは、心無いことを言って思わず反発したくなるくらい、わたしの言葉が耳に痛かったんだ」とわかります。

だから、「数年後でもいいからわたしの言葉を思い出してくれて、役に立つときがくるといいな」と思いますし、わたしも家族に向かって話すように、出会った人に愛のある言葉を伝え続けようと気持ちを新たにします。

世の中から、いやなことを言う人がいなくなることは絶対にありません。言葉に愛がある人、愛がない人。それぞれの段階の学びがあるし、神様がちゃんとバランスをとってくださって存在しているからです。

愛のない学びに惑わされないで、生きている間にいい言葉をたくさん使いましょう。

「お母さんのお味噌汁がいちばん好き」

「いつもがんばってくれてありがとう、感謝してます」

「あなたが生まれてきてくれて幸せ。愛してる」

照れくさいかもしれませんが、言葉をはしょらないで、会話に愛をたっぷり込めると、経済の器量は大きくなっていきます。

「目の前にいるその人とは縁がないかもしれないけど、自分の中の神様も、相手の中の神様も、空から見ている神様も、その人間がなにをしているのか、どんな愛のある言葉を使ってるのか、ちゃんと知ってるよ」

お金の神様が言うように、わたしたちは、みんな神様の子どもです。

お金持ちの人はそれをちゃんとわかっていて、さりげない言葉やわずかなほほえみにも愛を込めます。無数の岐路で人に愛をかけ続けてきたから、経済の地盤がビクともしないのです。

もしも、愛のない言葉が心に浮かぶことがあったら、

「自分の親や子どもにも、その言葉を使える？　家族や恋人がほかの人から言われたら、どんなふうに感じる？」

と心に問いかけてみてください。

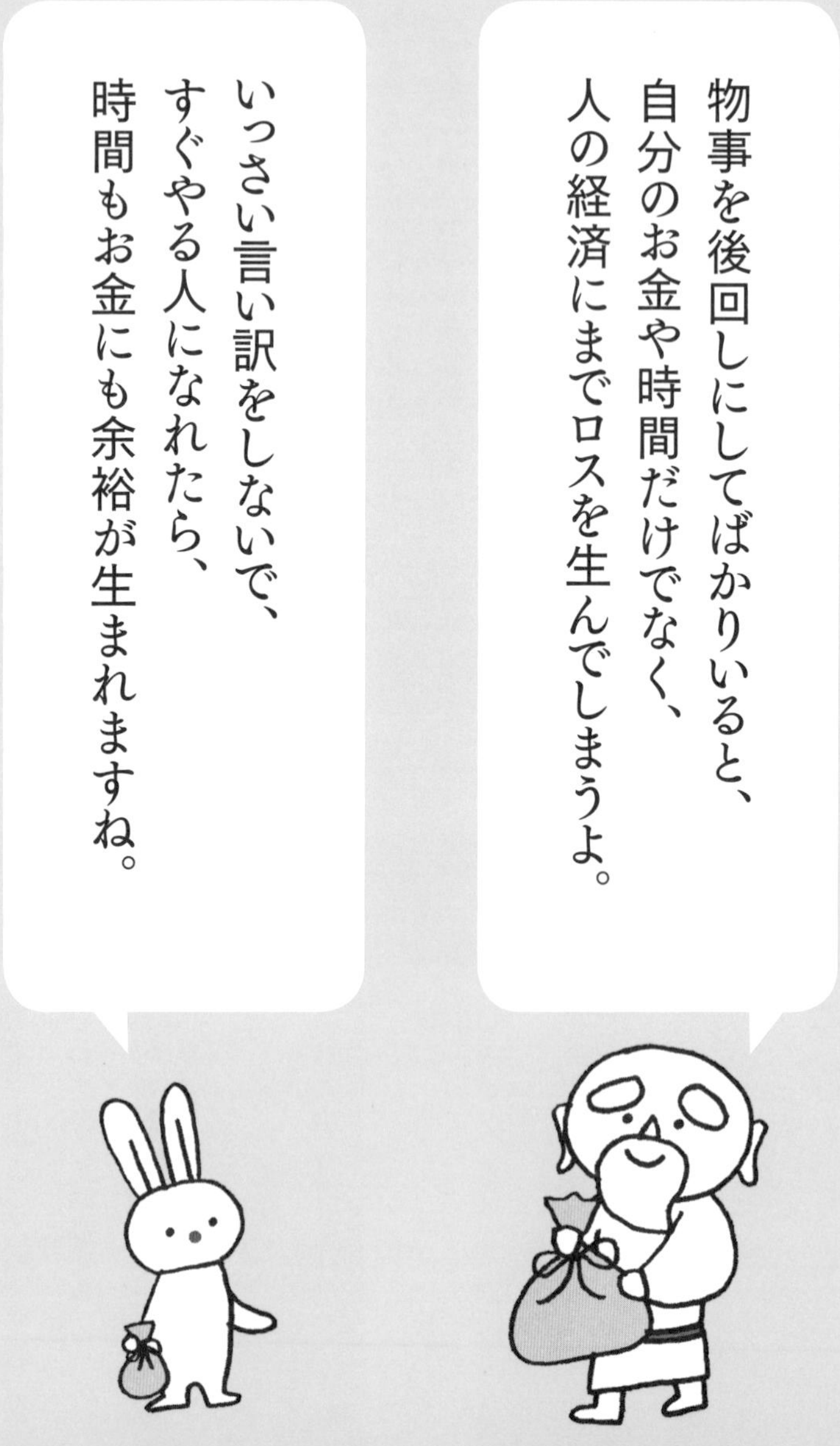
物事を後回しにしてばかりいると、自分のお金や時間だけでなく、人の経済にまでロスを生んでしまうよ。
いっさい言い訳をしないで、すぐやる人になれたら、時間もお金にも余裕が生まれますね。

先延ばしの習慣をやめると、お金も時間もうまく回りはじめる

わたしは、お金の神様に「経済的な時間の使い方」を教えてもらいました。

経済的な時間の使い方とは、「やるべきことは、すぐにやる」ということです。

「あとでいいや」と物事を後回しにし続けると、お金で補填《ほてん》しなければ物事が進まないようになっていくのです。

たとえば、のんびりしすぎて約束の時間ギリギリになり、タクシーを使わざるをえなくなるとか、友人に料理をふるまおうと食材を買ったけれど、いつも掃除を後回しにしていたから余裕がなくなって、デパ地下でお総菜を買い直したとか。

一つひとつは小さなことですが、ムダな出費が重なると見すごせないくらい大きくふくらんでいきます。

お金で労力と時間を補うことがいけないのではありません。

わたしも、手入れにひと手間かかるお洋服はクリーニング屋さんに出しますし、仕

事で疲れたときはお総菜や外食に頼ります。

そこには、安心、リラックスできる時間など、いくつも利益が生まれます。

でも、「あとでいいや」を積み重ねた結果の出費は、時間もお金もムダ遣いしたことにしかなりません。

さらに、**やるべきことをすぐにやらないのがくせになると、自分だけではなく、人の時間までムダにすることになります。**

遅刻をして相手を待たせることも、自分のペース配分が悪くて誰かに仕事を手伝ってもらうことも、人の時間をムダに消費させることになります。

つまり、人の経済にロスを生んでしまっていることと同じです。

人に聞かれたことや頼まれたことにはできるだけ早く対応すると、「人の時間も大切にして、いい子だな」と神様がごほうびをくださいます。時間をムダ遣いしないようになると、「絶対に間に合わない！」と思うような場面で、時間の神様がタイミングを調整してくださるようになるんです。

わたしは、何度もそんな経験に恵まれました。

ついこの間は、前の予定が押してしまって予約していた新幹線の指定席にとうてい間に合わず、次の列車の自由席に乗ることを覚悟したのに、予定通りに乗れました。スタッフに電話で報告すると、「時間的に考えて、完全にアウトだと思いました」とビックリしていました。

また、思いがけない場所で懐かしい人とうれしい再会をしたこともありますし、買おうとした本や欲しかった物をベストなタイミングでいただくことも増えました。日々の中で次々と神様のはからいをいただけるようになったのです。

なにごとも、「あとでいいや」と先延ばしにする人には、えてして衝動的にお金を使う傾向があり、行動しなかったことにあれこれと言い訳をしがちです。

いっさい言い訳をしないで、実行する計画を立てて動くこと。時間の浪費をやめるためには、これしかありません。**すぐやる人になれたら、時間にもお金にも余裕が生まれます。**

人の役に立つ動きもしやすくなるので、ますます経済の器量が育っていきます。

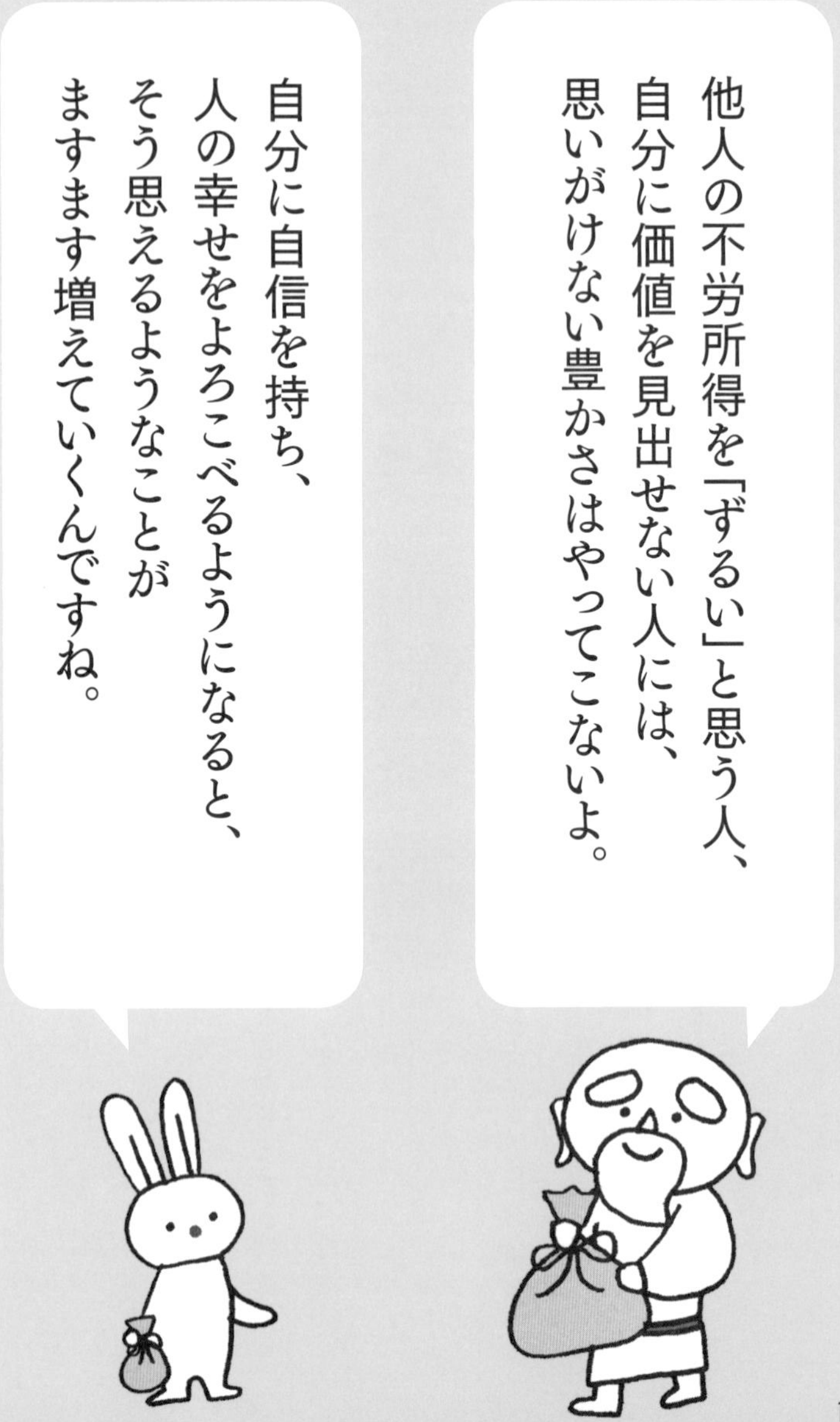
他人の不労所得を「ずるい」と思う人、自分に価値を見出せない人には、思いがけない豊かさはやってこないよ。
自分に自信を持ち、人の幸せをよろこべるようになると、そう思えるようなことがますます増えていくんですね。

不労所得の金額は、自分が思う「自分の価値」

宝くじが当たったり、遺産を相続したり、印税を手にしたり、投資で儲けたり。ひょんなことからお金が入ってくる経験について、あなたはどう感じますか？ うらやましいでしょうか。それとも、妬ましく感じるでしょうか。

誰かが不労所得を手にしたと聞くと、「働かないでお金を手に入れるなんて、ずるい！」と怒る人がいます。

不労所得はずるいものだと思っている人の人生に、思いがけないお金が入ってくる経験は起こりません。

お金の神様が、

「**不労所得が入るか入らないかは、自分で決めた『自分の価値』によって決まるんだよ。**うまいこと収入が入ってきた人に対して腹を立てる人は、自分には価値がないと思っているんだ」

と言いました。

自分に価値を見出していない人は、人の価値も認められません。だから、「苦労もしないでお金をもらうなんて、ずるい」と怒るのです。

そして、「不労所得はずるいものだ」と考える人たちは、いままでにアルバイトをクビになったり、会社でお給料があがらなかったり、「ほら、やっぱり。お金をもらうのって大変なんだよ」と思うことがたくさんあったと言います。

でも、自分の自信のなさが、そういう現実を引き起こしたといえます。

一人さんの弟子にしていただいたときに、まず人の幸せを祈るように言われました。

「すべての人によきことが起こります」

この言葉は、周囲の幸せを祈るのと同時に、「自分にもよきことは起こる。なぜなら、幸せになるために生まれてきたのだから」と、魂の記憶を思い出すためのものでもあったと思います。

人の幸せを願って、人にいいことがあったら「よかったね」と言う。まず、これができないと、思いがけない豊かさを手にすることはできません。

「ラクして儲けるなんて」と腹を立てると、天や世間に向けて「許せない」という波動を出すようになります。ますます、そういう人にお金は入ってこなくなります。

もしかしたら、不労所得を手にした人は、前世でいいことをしたのかもしれません。

だから、「ずるい」は見当違いなんですよね。


お金の神様が、**「不労所得の額を決めるのは自分」**と言っていました。

「不労所得が1000円の人もいれば、1000万円の人もいる。何で人によって金額が変わるのかっていったら、『わたしには、これだけもらえる価値がある』って無意識に自分で自分につけた値札が違うからだよ」

お金の神様が言う通り、残念なことにとても安い値札を自分に貼っている人がいます。しかし、人はみんな神様に祝福された神の分け御霊《みたま》なのです。

あなたは神様がつくりたもうたすごいものなのですから、「自分には素晴らしい価値がある」と信じてくださいね。

「勉強ができなくても、貧乏でも、『自分には価値がある』って思っていると、そう思えることがますます起こってくるようになる。

たとえば、英語がからきしダメな人は、必要ならお金を稼いで通訳を雇えばいいんだ。ところが、自分に自信のない人ほど英語の勉強をがんばるんだ。

それでがんばって勉強して、『やっぱり自分はダメだ……』って納得する。人にやってあげて、人からやってもらって、お互いに『ありがとう』でいいのにね。

みんなかわいくて素晴らしい存在なの。『わたしには価値がない』と思うのはその人の勝手だけど、わたしたち神様は頭にきちゃうんだよね〜」

お金の神様が、そう言って笑ったことがありました。

人には、それぞれ苦手なことがあります。そして、得意なこともあります。**自分は価値のある素晴らしい存在だと信じて、得意なことでがんばれば人生は上出来です。**

わたしは、「これとこれができないから、助けて」って、すぐ周りにお願いします（笑）。だけど、自分が得意なところはいつも全力です。そして、人のことにも力を惜しまないと決めています。

「自分には、苦労しないでお金をもらうほどの価値がある」と思うのと同時に、「不労所得はいいものだ」と思う心を持つのも大事なことです。

Q 借金は、悪いことですか？

借金は悪いことじゃない。
魂はいつだって順調。

簡単にお金を貸すのは、
相手の学びにならないんですね。

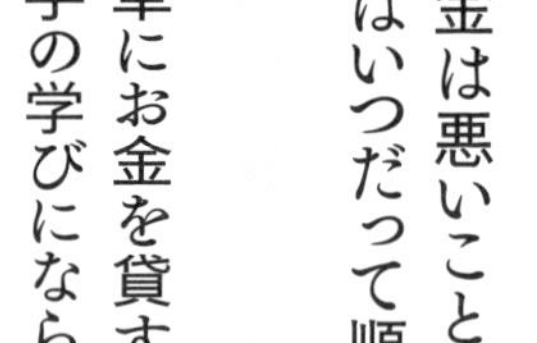

いくら周りが止めても借金だらけになっちゃう人っているよね。だけど、そういう人の魂に聞くと、「すごく順調です」って言うんだ。

本人は「借金だらけになる」という段階で学んでいるからですね。

そうそう。どんな人の魂も、絶対に学んでるんだ。

その人は、「経済のことをまったく考えないで借金だらけになっちゃうと、どうなるか？」ってことを、経験しながら学んでいるんだよね。

カウンセリングでも、親や配偶者に借金を肩代わりしてもらった人が、さらに大きな額を借金してきたという話を聞きます。誰かが肩代わりをしたことで、本人の学びを邪魔してしまうケースもありますね。

あるある。相手の勉強なんだから、「悪いことだ」「かわいそうだ」って思わず、「いい勉強をしているな」って言うのが正しい。

それでも助けたい人はいるよね。そういう人を助けてはいけないって言ってるんじゃないよ。

ただ、助けたことで、その人が助かっているとは限らないんだよねえ。そこで助けられたことで、本人がもっと大きな借金で同じ学びをしなくちゃいけなくなることもあるってことを知っておいてほしい。

借金の肩代わりをする場合も、ありあまるお金を持っているならいいんですが、自分の生活をおかしくしてまでやってはいけませんね。
わたしは、どれだけ大切な人が困っていても、お金をあげようとは思いません。その人が稼げる知恵を一生懸命伝えます。

お金をあげるのは簡単だよね～。だけど、自分で稼ぐ方法を教えてあげるほうがずっと愛がある。人が愛を持ってやることって間違わないんだ。

「稼げない」とか、「こんなに借金だらけなんだ」って嘆く人に対して、「けなしたり、怒ったりすれば発奮するんじゃないか？」って考える人がいますが、それは逆効果ですよね。

それはダメだね。愛のないことを言ったって、何の役にも立たない。そういう人はすでにけなされたり、山ほど怒られたりしてる。それでも、できてないってことだからね。
どんな人だって、その段階で魂は一生懸命。そういう目で見てあげたほうがいい。

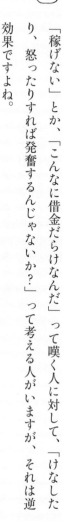

たとえば、心の安定を保ってくれる「いい借金」もあるとわたしは思うのですが、どうでしょうか？

本当はね、なにかを買うときには先にお金を貯めてから買うほうがいいに決まっているの。だけど、バランスの問題なんだよね。

車がないと生活できない場所で暮らしている人が、車を使って働きに行ってローンを返すとかね。それは安心をローンで買ってるわけ。ただし、無理な借金はしないことだよ。

そうですね。見栄を理由に借金すると、生活がとたんにおかしくなります。

がんばってローンを組んでいい家に住んだ人が、その住まいにふさわしい家具や車や服や食事にこだわって、破産してしまうケースもありますよね。

借金にまつわるご相談では、税金を滞納してエステや海外旅行に行っている方もいました。お金を使う優先順位が間違いだらけなんです。

そうやって、お金の使い方を間違えたままでいると、稼ぎ方もおかしくなるよ。人をだましたり、ずるいことをしたりしても儲けたいって考えるようになるんだ。

はい。親切なふりをして、相手に借金させることで儲けようとする人もいます。わたしは、そういう人は『赤ずきんちゃん』に出てくるやさしい声で人をだますオオカミだって思うんです。

そうだね。お金の使い方を間違えない人は、目の前にいるのが本物のやさしいおばあさんなのか、おそろしいオオカミなのか、ちゃんと見極められるんだよ。
あとね、「オオカミは自分の中にもいる」ってことを忘れないでほしいな。

ああ、本当ですね。「オオカミは身の内に」。
妬みや嫉みから、ずるいことをする心が芽生えないように、気持ちをしっかりと美しく保ちたいものです。

世の中には自家用ジェット機がぜいたくじゃない人もいるし、軽自動車がちょうどいい人もいる。いまちょうどいいのが軽自動車なら、無理な借金をしないで軽自動車に乗って、やがては大きい車に乗れるようにがんばればいい。

いまは、まだその時期じゃないっていうだけのことですものね。人にはそれぞれふさわしい段階があるのだから、「いまのわたしにちょうどいいもの」を見誤らないことが大事です。

赤ちゃんと一緒だね。人は、おっぱいを飲んだり離乳食を食べたりする段階を経て、やがてカツ丼やフランス料理を食べられるようになるんだから。

屋久杉の大木だって、最初はちっちゃい芽なんだよ。だけど、芽吹いた屋久杉は自分をちっちゃくてみっともないとか、だらしないなんて思わない。そういうこと。

HR

ホームルーム

「経済」の失敗から学び、幸せになった人の物語

最後の授業には、自分の経済を見失って迷った人たちが登場します。

これまでカウンセリングでお会いした方たちや、お弟子さんたちとのやりとりで、深く印象に残っているものを体験談にまとめました。

あなただったら、それぞれの登場人物に何と言ってあげるでしょうか？

自分や大切な人が似た境遇になったときには、その言葉をかけてあげてくださいね。

＊すべて事実に基づいていますが、個人が特定できるような情報には変更を加えています。

Q 「親友」だと思っていた友人が家を購入。妬ましいです。

仲のいい友人同士でも、
経済の学びはそれぞれ違う。
「よかったね」って言ってあげられると
魂がラクになるよ。

まず、自分の経済を
安定させることからはじめてみて。
そうすれば、どんなことも
落ち着いて考えられますよ。

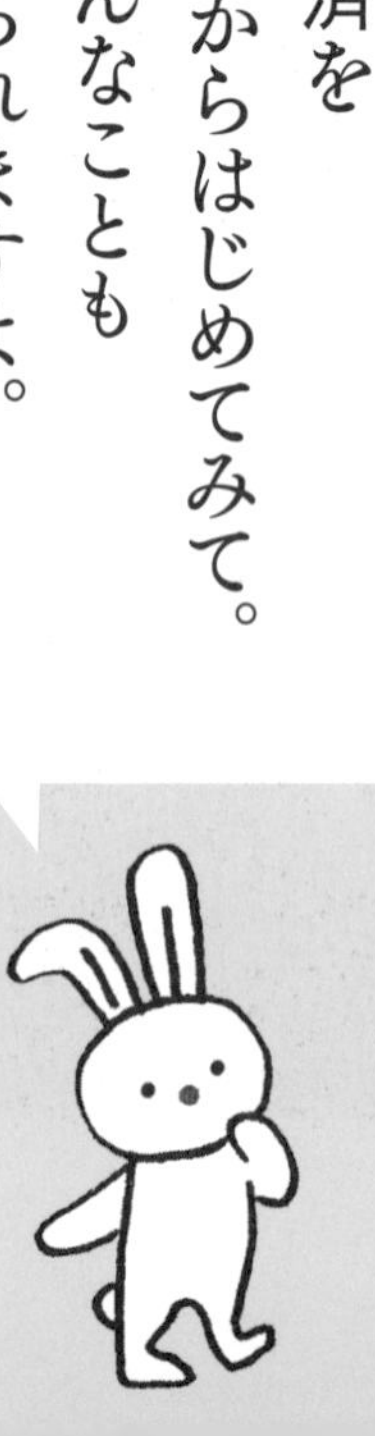

30代後半のA子さんは、都内のマンションにサラリーマンのご主人と2人のお子さんと暮らしています。

メイクもファッションもおしゃれで、流行に敏感な奥様という感じ。まだ下の子は2歳だそうですが、自分にお金と時間をかける余裕が感じられました。

一見、とても幸せそうに見える彼女ですが、目の前に座った瞬間、大きな喪失感と怒りが伝わってきました。

A子さんは、とげとげしい声で「信頼していた友人に、ずっとウソをつかれていました。裏切られたことが悔しくてたまりません」と言いました。

A子さんは結婚したときからいまのマンションに住んでいます。

ひとつ下の階に住むB子さんとは、上の子を妊娠していたときに産院で知り合いました。夫婦の年齢、住まい、初めての妊娠、仕事を辞めて専業主婦になったことなど、共通点がいくつもあった2人はすぐに意気投合しました。

お互いの自宅を行き来するうちに、大人になってできたお友だちとは思えないくらい、何でも話し合える間柄になったといいます。

2人目の子も同じ年に授かって、子どもたち同士も大の仲よしになりました。

A子さんは、このマンションに住んで本当によかった、B子さんと出会えて幸せだと思っていました。

「B子にはっきり聞いたことはありませんが、世帯年収はうちのほうが上だろうなと感じることがしばしばありました。

彼女は、たまにランチに行っても高いメニューは選びません。子どもの服はフリマアプリを利用していたし、化粧品はデパートじゃなくてドラッグストア。

わたしが『まったく貯金できないわ〜』と言うと、『うちも毎月、いっぱいいっぱい』と笑っていました」

苦々しそうに話すA子さんに、

「お金の使い方や価値観が合わないって感じるようになったの?」

と聞くと、「いいえ」と言います。

「実家に帰省すれば必ずお土産をくれたし、B子は自分たちにあまりお金を使わないだけで、ケチなことはいっさい言いません。

ただ、わたしは長年、B子の『余裕がない』という言葉を信用していたんです。それなのに、『家を買って引っ越す』って、突然言ってきたんです」

つまりA子さんは、自分よりも生活が少し苦しいと思っていたB子さんが堅実にお金を貯めていて、一軒家を購入するまで黙っていたことが許せないと言うのです。

「引っ越しが決まるまで教えてくれなかったのもショックだし、『生活が大変』ってウソをつき続けていたのが許せない。親友だと思っていたのは、わたしだけでした」

A子さんは、目に涙を溜めて小刻みに震えていました。

「A子さん。B子さんはね、正直に『一生懸命、貯金しているの。家を買いたくて』って言ったら、あなたが自分とは距離を置くんじゃないかって心配だったの。ごまかしながらでも、あなたと仲よく過ごしたかったのよ」

そう言うと、A子さんの視線が揺れました。

「経済の学びって、みんな違うの。たとえ世帯年収が一緒でも、使いどころや貯め方は違うし、育ちも価値観も違います。あなたは、自分も一軒家を買いたいと思っているの？

そう思うなら、実現できるように計画を立てればいいし、賃貸マンションの利便性が気に入っているのなら、いまのままでなにがいけないの？

わたしのお師匠さんの一人さんは大富豪だけど、家にちっとも興味がないから、買ったことがありません。わたしも賃貸マンションに住んでいるけど、ずっと幸せよ」

そう話すとA子さんは、「でも、ウソをつかれたんです！　裏でわたしのことを笑っていたに違いありません」と甲高い声で言いました。

「B子さんが心の中で自分のことをバカにしていたに違いないと思うのは、あなたがそうだったからよね。

『わたしだったら、そんな安い基礎化粧品は使わないわ』『子どもにおさがりばっかりはちょっとね』『たまのランチくらい高いものを選ばないの？』……。

どこかで、B子さんを下に見ていたでしょ。

わたしが考えるケチって、『お金を使わない人』ではなくて、『人のお金の使い方にケチをつけたがる人』。A子さんは心の中でB子さんをちょっぴりバカにしながら、ケチな人になっていたのね」

じっと彼女の目を見つめると、大粒の涙があふれました。わたしは続けました。

「あなたは悲しかったんですね。何でも話してくれていると思っていた人が、そうじゃなくて。でも、B子さんは『貯金が1円もない』とは言ってないでしょ。一生懸命、貯蓄に回していたから『毎月の生活が苦しい』。それは本当だったのよ。

あなたは、いつも子どもたちにもおしゃれをさせて、休日には家族で遠出をして、好きなところにお金を使っていたんだから、それはそれでよかったの。

どんなに仲がよい友人同士でも、経済の学び方はそれぞれですからね」

「引っ越しの話をされたとき、気が動転して途中で帰ってきてしまって、メールにも返信してないんです。わたしは、彼女に何て言うべきでしょうか……」

A子さんが鼻をすすりながら言いました。

「**『よかったね』って言ってあげて。そうすると、自分の魂もラクになります。**

もしも彼女の近くにいるのが苦しいなって思うなら、少し離れて大丈夫になったら、また親しくおつき合いすればいいいんじゃない？」

「そうですね、まずは彼女に謝ります……。わたし、意地の悪い態度をとったから」

素直にうなずいたA子さんを見たわたしは、もう大丈夫だと思いました。

「あとね、家を買う、買わないに関係なく、貯金はしましょうね。すべてのことに経済はついて回るの。経済がしっかりしていれば、安心していられます。どんなことだって落ち着いて考えられますよ。

自分に貯蓄があれば、B子さんにも『よかったね』って、きっとすぐに言えたはず。今回はショックを受けたかもしれないけど、深く落ち込んだり、傷ついたりしたことって大きな学びになります。経済の大切さをB子さんが身をもって教えてくれたんですよ。30代のうちに気づけてラッキーだったわね」

そう言うと、A子さんが初めて小さな笑い声を漏らしました。

「まだ、いまからでも経済の勉強には間に合いますか？」

「余裕ですよ」

笑ったA子さんの瞳は、夏空のように明るかったです。

Q 占い師を信用したら投資で大損。気持ちの整理がつきません。

最終的な決断の責任は、いつも自分。
それを受け入れられると、
失敗を学びに転化できる。

たとえ縁が切れたとしても、
その人に支えてもらったことには
感謝しましょう。
そこからちゃんと、道は開けます。

30代前半のBさんは、独身のビジネスマンです。

「長年、みてもらっていた占い師を信じてひどい目に遭った」

そう言って、わたしのカウンセリングルームにいらっしゃいました。


5年前から、Bさんは株式投資をはじめたそうです。

「僕のように趣味でやる個人投資家でも、ずいぶん手堅く儲かるんだなって思いました。そのうちおもしろくなって、株の利益を元手にFXをはじめたんです。じつは20代半ばのときに転職の相談をして以来、通っていた占い師さんがいたんです。その人に、いい銘柄や為替相場の予想をしてもらうようになりました。アドバイス通りにしていたらさらに利益が出て、感謝してたんですが……」

険しい顔のBさんに「少なくない損失が出てしまったのですね」と尋ねると、「大損ですよ！」と、堰を切ったように、その占い師さんの悪口を言い出しました。


わたしは投資やギャンブルの類をいっさいしません。仕事以外で儲けることにまったく興味がないのです。自分で稼いだほうが早いと考えるタイプです。

投資のプロや、ギャンブルに強い人たちは、よろこびをもってそれで稼ぐぞってプログラムしてきた人たちなんですね。だから、わたしではなく、それに向いている人がやればいいと思っています。

でも、そんな素人のわたしにも、相場が下がれば損をすることを想像できない人は、投資に手を出してはいけないことはわかります。

わたしはBさんに言いました。

「誰にどんなアドバイスをされたとしても、最終的に決めたのはあなたですよね。自分の損を人のせいにする人ほど、『いい話』に乗るんです。

決断した責任は自分にあるって受け入れたら、『次は損をしないためにどうしよう?』って考えることができます。失敗が学びになって、ちゃんと利益が出るんです。

それにね、Bさんは、いつかわたしのことも悪く言うと思いますよ」

「まさか！　僕は、りえ先生の本をすべて読んでるんですよ。やっとお会いできたのに、そんなことありえません」

と、Bさんはあわてて言いました。

「そのくらい占い師の方のことも信頼していたんですよね？　転職をしたとき、株やFXで儲かっていたとき、あなたにはその人がいたから乗り越えられたことがたくさんありました。そのことには感謝をしないと、誰に相談に行っても、また同じことを繰り返しますよ」

Bさんは、くちびるを噛んで、うつむきました。

貯金の大半を失うまで投資に入れ込んだのはBさん自身ですが、誰かを悪者にしないと受け止められないほど混乱してしまったのでしょう。そういう段階が必要なときもありますが、いつまでもそこにとどまっていてはいけません。

人生では、自分の力で乗り越えられないことに遭遇したときに助けてくれる人が現れます。

最終的にどんな関係になったとしても、そのときその人に支えてもらったのは真実です。たとえ縁が切れたとしても、相手は学びの階段の一段でい続けてくれるのです。

素直にそのことに「ありがとう」を言って、この事態を招いたのは自分だと受け入れれば、道はちゃんと開けます。

魂の時代は、自己責任です。

「Bさん、経済で失敗したときはね、いまはたくさん間違えて、利口になるときなんだ、って考えましょう。それも神様からのお導きです。

神様ってね、失敗続きの人をいつも励ましてくださるの。神様にも人にも嫌われちゃうのは、失敗からなにも学ぼうとしない人なんですよ」

「はい……。占い師さんの悪口をずいぶん言ってしまって、恥ずかしいです。やはり、投資はやめるべきでしょうか」

「Bさんが楽しくできる範囲でなら続けてもいいと思うけど、まずは本業でしっかり稼ぐことを考えたほうがいいかな」

わたしがそう言うと、

「ああ。僕の仕事のモチベーションが下がっていることも、お見通しなんですね」

とBさんは力なく笑いました。

本来の自分がやるべき仕事にきちんと力を注いで、いいことも悪いことも自分の責任だと受け入れる勇気を持ったら、Bさんの経済はきっと盤石です。

誰かに幸せにしてもらうこと、誰かに儲けさせてもらうことを考えるのは、やめましょう。自分で自分を幸せにする、自分で稼ごうと決めている人は無敵です。

Q 両親のお墓の改葬はやはり罰当たりですか？

亡くなった人のために、
生きてる人が苦しくなるのは間違い。
先祖への愛を持ち続けることが
本当の供養だよ。

お墓や仏壇は、
残った人の心の安定のためのもの。
ご先祖様を思い出して感謝すれば、
思いは必ずつながります。

お弟子さんたちとの勉強会で、Cさんが浮かない顔をしているのが気になりました。終了後、「どうしたの？　なにか困ってる？」と聞くと、ハッとした顔をして、「はい、じつは……」と事情を話してくれました。

Cさんの生まれは九州です。大学進学で上京するとそのまま東京で就職し、結婚後は千葉県に住んでいます。3年前に、ご両親を相次いで見送りました。

九州にある実家のお墓のことで頭を悩ませているといいます。

ご両親が亡くなったあと、お寺さんとのやりとりや年忌法要のいっさいをひとりっ子のCさんがとりしきり、お盆の時期には必ずお墓参りをしてきました。

「40代も半ばを過ぎて役職があがり、休暇もなかなか取れない部署に異動になりました。年に数回、両親のいない田舎に帰省するのがむずかしくなりまして……。

昨年、両親ともに三回忌を終えたので、妻と相談して七回忌を迎える前にこちらに新しいお墓を買って引っ越したらどうだろうとなったんです。

田舎には父の弟と妹が住んでいるので相談したら、叔父に激高されました。『先祖代々の墓を土地から引き離すなんて、とんでもない』って。叔母も、『どこに手を合わせていいのかわからなくなる』と叔父に同調しました」

お墓にまつわるトラブルは、親戚間がもっとも多いのだそうです。

「Cさんのご両親だけ、お骨上げしてもらったら？」

「じつは、そう言ってみたんです。ほかのお骨はそのままにさせてもらうから、叔父さんか叔母さんがみてくださいませんか、って。そうしたら、『おまえが本家のくせに、まかりならん』と叔父がさらに怒っちゃって」

「本家といっても、家業も家屋も継いでないのにね。叔父さんも叔母さんも、どうしても自分のお金と手間を使うのはいやなのね」

そう言うと、Cさんが苦笑いしました。

「わたしも最初は、勝手なことを言うなってムッとしたんですが、『兄貴も義姉さんも、おまえの罰当たりな考えを嘆いているはずだ』と言われたのが気になってしまって。

やはり、わたしがやろうとしていることは両親を悲しませますか？」

「**お墓も、お仏壇も、この世に残った人が自分の心の安息のために用意するものなのよ。**亡くなった方たちは、もう神様のもとですっかり安心しているのだから。亡くなった人のために生きている人たちが生活を苦しくしたら、そのほうがご両親は悲しむわ。ご両親のいちばんの願いはCさん一家が幸せに楽しく暮らすことですよ。叔父さんと叔母さんの言うことには愛がないよね。自分たちはお金を出さないでラクをしたまま、いいことをしている気になりたいだけだから」

黙って聞いていたCさんは、口を一文字に引き結ぶと、

「ありがとうございます。気持ちがラクになりました。どうしてもダメなら両親だけ改葬するので、あとは頼みますって叔父と叔母に言います」

と、吹っ切れた顔で言いました。

少子化と核家族化が進んで、これからは墓じまいや改葬をする人もたくさん出てくると思います。遠方に暮らしていて、なかなかお墓参りできないこともあるでしょう。もしも、あなたがそういう経験をすることがあったら、どうぞ、ご先祖様に申し訳

なく思わないでください。

お墓がなくても、お仏壇がなくても、ご先祖様を思い出して感謝すれば、いつも、どこにいても、あなたの思いは亡くなった人とつながります。

形式や金額ではなく、故人への愛を持ち続けるのが本当の供養です。

Q「仕事で活躍はしたいけど、儲からなくてもいい」って矛盾してますか？

欲は、人を動かすエンジン。
「素敵な欲」をたくさん持てば、
そこを目的地として進んでいけるよ。

誠実にやっていれば、
いま必要なことを
神様が用意してくださいます。
えり好みはやめましょうね。

お弟子さんのD子さんが念願のカウンセラーとして独り立ちした当時、彼女はとても張り切っていました。数か月後に再会して、「どんな感じ？」と聞くと、

「お店の売り上げを、いまの10倍にしたいと思っています」

と言います。わたしは、

「それは10階建てのビルを建てるのに、基礎工事をしないでいきなり5階からつくりたいと言うようなものですよ」

と答えました。

勉強と同じように、稼ぐのにも段階があります。D子さんには、「まず、売り上げを倍にすることを考えなさい」とアドバイスしました。

100万円を200万円、200万円を400万円にすると、その次はもう800万円です。きちんとした段階を踏んでいけば、さらに上だって目指せます。

また、「利益がもっと出たら、夫にこれを買って、お母さんにあれをプレゼントして……」と話すので、「楽しみながら想像するのはとてもいいことだけれど、まずは、楽しんで稼ぐことを想像しないとね」と言いました。

稼ぐ前から使うことばかり考えていたら稼げなくなります。**自分の器からあふれるほど貯まったら、そのときに使うことを考えればいいのです。**

その順番を間違えなければ、経済がおかしくなることはありません。

D子さんは、わたしの言葉一つひとつに、「おっしゃる通りですね、ありがとうございます」と生真面目にうなずいていました。

そのD子さんがカウンセラーになって3年になります。明るくてやさしい人柄が人気で、順調にお客様がいらしてくださっていると聞きました。

でも、あるとき、「D子さんのカウンセリングに以前ほど予約が入らないようだ」と耳にしました。久しぶりに彼女に連絡してみると、

「きっと、わたしがそう願ったからなんです」

と言います。

「どういうこと?」

「人数が減ってもいいから、しっかりと話を理解してくれる、いいお客さんだけに来

てほしいって思ったからです」

「なぜ、『いいお客さんがたくさん来てくれますように』って思わないの？」

「えっ？　そんなに欲をかいたらいけない気がして……。カウンセリングをはじめた当初は売り上げにこだわりましたが、そうじゃなかったってわかったんです」

「売り上げと、お客様の人柄と、どちらかを選ばないといけないと思ってない？」

そこで、わたしはお金の神様から聞いた欲の話をしました。

「『人の役に立てて、お客様がたくさん来てくださって、お金持ちで幸せなカウンセラーになりたい』って素敵な欲を持てば、そこが目的地になるのよ。だから、素敵な欲をたくさん持ってね」

と言うと、D子さんはものすごく納得してくれました。

また、誠実にやっていれば、いまのあなたに必要なお客様をちゃんと神様が用意してくださるから、お客様をえり好みするようなことはやめるようにとも伝えました。

「稼ぎたい」と言うとスピリチュアルに反するように思う人がいますが、「たくさんのお客様と出会って、もっと稼ぎたい」と意思表示をしても、へんなふうに思われない愛にあふれた人になればいいのです。

「ありがとうございます。がんばります！」

と言ったD子さんから電話がかかってきたのは、それから4か月後のことでした。

「小さな講演会を開く予定なのですが、同じ日に人気のカウンセラーさんが近くの会場でお話会をするそうなんです。きっと、わたしのほうに人は集まりません……」

沈んだ口調でD子さんが言いました。

「そうなんだ。じゃあ、わたしがD子さんの講演会のチケットを全部買って、お弟子さんたちを呼んで席を埋めてあげる。そう言ったら、安心する？　うれしい？」

D子さんは、うろたえてこう言いました。

「えっ……、困ります、うれしくありません」

「そうよね。少なくとも、当日の講演会に来てくれる方は、その人気のカウンセラーさんじゃなくて、あなたを選んでくれた人よ。お客様がひとりでも2人でも、最高の話をすればいいじゃないの。大丈夫。あなたが今世のシナリオを書いてきたのだから、自分を不幸にするようなストーリーを書くわけがないでしょう」

わたしがそう言うと、ほっとしたように「はい」と返ってきました。

後日、彼女から、「予定した席数がすべて埋まりました」と弾んだ声で連絡がありました。

自信がないときは、自分よりほかの人のほうがずっと素敵で優れて見えるものです。

でも、実際は自分だって、うんと素敵なんです。そう信じて、いい欲をたくさん持つ人は、迷うことなく豊かな道を歩いていけます。

エピローグ

個性をどんどん発揮していきましょう

「困る」という発想は20世紀まで。「豊かになりたい」と行動する人には、その道ができる

これからは、「個性で稼ぐ時代」です。

インターネットの発達で、文章や映像や制作した物で自分の魅力を発信することが普通になって、個人間で物を売り買いするのもずいぶんラクにできるようになりましたよね。つまり、個性で勝負できるチャンスがたくさん増えたということです。

時代はつねに変わります。歴史や健康法で、昔は正しいとされたことがいまは間違いということもたくさんありますよね。かなり年下のお弟子さんたちと話していると、ジェネレーションギャップがたくさんあります（笑）。

では、なぜ、そういうことが起きるのでしょうか？

「人の魂はいつも勉強していなくちゃいけないから、『つね』がないようにわたしたちが変えてるんだよ」

って、お金の神様が教えてくれました。だから、経営も10年、20年で変わります。変わるものだと思っていないといけません。

日本人は個人戦よりも団体戦に強いのですが、個性で稼ぐ時代は、これまでのやり方では通用しなくなります。

でも、そのころには個性的な人が出てきて、時代はうまく移り変わるようになっています。だから、困ったことは起こりません。「困る」という発想は20世紀までです。

ただ、やっぱり困る人もいます。それは、「困ると思い込んでいる人」です。**人の思いは神様に通じているので、願うと同時に叶うんですね。**

叶うとは、すなわち道ができるということです。「自分は豊かになりたい」って思えば、ちゃんと豊かな道ができます。だから、**願ったら行動しましょう。**この地球は行動の星なので、物質を手に入れるためには行動しないとダメなんです。

失敗しても一向にかまいません。行動して失敗すると、困らない方法が必ず見つかるので、安心して失敗しましょう。そうやって上にいくほど、ラクになります。

お金を稼ぐのは大変だ！　苦労しないと稼げないよ、こんな言葉はみんなウソです。稼げば稼ぐほど、器量も大きくなるからラクになるんです。

1000段の階段をあがってきた人にとって、もう1段あがるのは簡単なことなのに、1001段、1002段と、上に行けば行くほどむずかしいと思い込まされてるんですよね。

誰に？　ほかの人に挑戦させたくないと考えているオオカミたちです。

「あなたの能力じゃ、上にはあがれない」

「上にあがるのは並大抵のことではできない。ものすごく大変だよ」

そういうウソをつく人たちは、得意なことをして上に行ったのです。つまり、勉強やお金儲けに向いていたので、本当は大きな苦労をしていません。

向いていないことをしていたら、大きく成功できないからです。それなのに、この上はもっと大変だぞ、と人に言いたがります。

ラクで幸せになってくると、ほかの人がつまらないと感じるようなことにも幸せを感じるようになります。1杯のココアを飲んでも、道端に咲くヒメジョオンを見ても幸せです。朝、目覚めた瞬間、「きょうも生きてて幸せだな～」って感じるようになります。

世の中って楽しいものです。そして、上に行けば行くほど楽しく、ラクチンなんです。お金の神様とわたしが保証します。

「自分の経済」を知ることが大事。世間の尺度に振り回されないで

わたしは、収入が少なかったＯＬ時代から幸せです。どうしてだと思いますか？

「自分は貧しい」と思ったことがないからです。普通のものがおいしいこと、高級じゃなくても素敵なものがあることを知っていたから、いつも機嫌がよかったんです。

安い＝《イコール》まずい＆低品質ではありません。

高級な果物にもビタミンはたっぷり含まれていますが、普段使いをするレモンや柚子や金柑も負けていません。贈答用にするような立派なぶどうも、食卓にのせる特価で買ったぶどうも、どちらも神様からのありがたい愛です。

お金を持っていない人のほうがなぜか健康ということもあります。車に乗ってばかりいる人より、しょっちゅう歩いている人のほうが丈夫なものです。


稼ぎが普通の人に不幸なところがあるとしたら、「自分はいいものを知らない」と勘違いしている点だと思います。

普通の人は、高いお店や有名なお店が好きです。一方、グルメといわれる人には、本当においしいものが好きな人と、ステータスが好きな人がいます。

両方とも悪くありません。でも、わたしが下町に住んでいて「もったいないな～」と感じるのは、つくっている人が、自分はすごくおいしいものをつくっているということに気づいてないところ。

お金を稼ぐようになっても安いお総菜やおやつをよろこぶわたしは賢いでしょ？　と言いたいわけではありません。これは好みの問題ですものね。

以前、お弟子さんが、「稼げるようになって、りえ先生にごちそうするのが夢です」って言ってくれたことがあります。

「じゃあ、ハンバーガー屋さんに連れて行って」ってお願いしたら、「ごちそうのしがいがありません！」って嘆かれました。

だって、そのときはハンバーガーを食べたかったんです（笑）。わたしは、それで大満足なんです。たとえば、1本50万円のワインとか200万円のシャンパンを飲んでる人は、自分のことをすごいと思っているかもしれません。

「何で、りえ先生は、そういう高級なお酒を飲まないんですか？」って聞かれるけど、そもそもわたしはお酒をあまり飲まないし、味の違いもわかりません。高級なお酒は、味のわかる人こそが楽しめばいいと思います。

わたしは、懐石料理やフランス料理も好きですが、焼鳥屋さんや喫茶店で過ごすのも大好きです。

わたしは好きなことをして、好きなものを食べて、好きなことを好きなように話すことに幸せを感じます。だから来世も再来世もこういうふうに生きていきたいし、いつだって最高に幸せです。

わたしはいままでずっと、わたしの中の経済の範囲で幸せにやってきました。あなたも、あなたの経済の範囲で幸せにやっていきましょう！

機嫌がいい人は、どんなときも好景気

これからは、「いい人」になりましょう。

誰かに意見を合わせる「都合のいい人」や、いてもいなくてもかまわない「どうでもいい人」じゃなくて、「機嫌のいい人」です。

つまり、お金の神様がおっしゃる「人柄がいい人」ということです。

自分がいつも機嫌のいい人でいられないのは、お金がないためではありません。不

機嫌になるのは、そこに工夫がないからです。

なにかいやなことが起きたときに、「これはいやな問題だ。だから自分は不機嫌なんだ」としか思わないのは怠け者の証拠。どんな状況であっても、幸せを感じるためには、自分でひと手間かけて工夫をしなくてはいけません。

「自分で自分を幸せにする」

そう決心すると人生はとっても楽しくなるし、経済もきちんと回りはじめます。

酸っぱい夏みかんをもらったら、そのまま食べないで、砂糖を加えてマーマレードに加工しましょう。起きたことをそのまま受け止めて夏みかんをかじり、「酸っぱい、酸っぱい！」って文句を言っていても一向に楽しくありません。

機嫌の悪い人は手がかかります。周りの人がご機嫌をとってあげないといけないから。そうやって人にご機嫌をとらせてばかりいると、嫌われてしまいます。

不況のときは、発想を変えることです。

困ったことが起きるのは、自分が楽しいことを考えてないからです。

お金持ちになって、人から愛されて、好みの人からモテて、気の合うお友だちと楽しく過ごして……。そんなふうに、いいことをたくさん考えましょう。

前に、「素敵な欲をいくつも持ちましょう」というお話をしました。本当は、親友も親も恋人もお金もバッグも靴も必要です。それを、「とにかくお金」って絞り込んでしまうのは貧しいことです。

「お金さえ持てば」

それは幸せの一部分に過ぎません。心臓さえ元気なら、胃や足腰が弱っていても大丈夫？　いいえ、よくありませんよね。


自分ひとりのときは自分がおもしろいことを、みんながいるときはその人たちもおもしろくなることを考えましょう。

いやなことに耐えてはいけません。耐えると、また同じ別の問題が出てきます。どんなことでも、困ったら発想を変えましょう。

発想を変えれば、この世の中は大丈夫なようにできています。

この本を読んで、本当にそうだと思ってくださったあなたには、経済観念があります。「自分で自分を幸せにする」と決めれば、サラリーマンだって1億円を持つことができます。

人柄のいい人を目指して、まずは機嫌よく過ごせることを考えていると、あなたから出ている波動が変わります。そのうちに、言葉遣いや行動も変わってくるでしょう。そうすると、あなたに会った人まで「なんだか楽しかったな」ってご機嫌になります。

人柄のいい人の明るい波動の影響力って、ものすごく強いんです。残念なことに、不機嫌な人の暗い波動もなかなかの影響力なのですが、光こそが暗闇を照らします。

「お給料前でお金がない。あるのは冷ごはんと生卵だけだわ。何て悲惨なのかしら」って落ち込まないで、「おねぎとかつおぶし、ごま油をかけてみたらどうかな。これこそ、究極のたまごかけごはん！」って、楽しんでしまいましょう（笑）。

発想を工夫すると、人は元気が出てきます。元気が出ると心に余裕ができて、ちゃんと稼ぐ知恵も生まれてきますよ。

おわりに

この本を手にとってくださったあなたは、すでに立派な経済家です。

人は、実現不可能なことは思いつきません。ですから、「経済の土台をしっかりさせて豊かになりたい」と思ったあなたには、幸せの道がちゃんと用意されています。

今世、ずっとあなたとおつき合いをしているのはあなた自身です。自分のことは結局、自分にしかわからないのです。だから、他人に責任や価値観をお任せしてしまわないで、「自分の経済」を楽しみながら築いてくださいね。

最後にもうひとつ、幸せな経済のコツをお教えするとしたら、

「お金がないからこれができない。あれも欲しいし、それもしたいのに！」

と不機嫌になって、ふてくされないことです。

「よーし。あれも欲しいし、これもしたいから、がんばって稼いで貯めよう」

そう思うと、その瞬間波動が変化します。あとは機嫌よく行動していけばいい。

そうすると、お金や欲しい物が驚くようなタイミングで手に入ったり、うまくいっ

ている人がよく視界に入ったりするようになります。実現が近づいてきているサインですね。お金の神様は、いつだってニコニコしながらあなたのお隣にいて、機嫌よく経済の道を歩く人の応援をしてくださいます。

この前、無地のワンピースを買いました。

スタッフに「あら、りえ先生にしては、めずらしい色ですね」と驚かれました。見えづらいけど裾にはレースがあしらってあって、裏地がとてもかわいいピンクです。人からはわかりませんが、着ると、ひそかに気分が上がります。

「自分の経済」って、そうしたひそやかな幸せのことではないかしらと思います。あなたの好きなもの、うれしいことを、あなただけはちゃんと知っていて、自分が幸せを感じるところに、余裕を持ってお金を出せる。

一緒に、そんな今世に暮らしましょう。

平成31年1月　吉日

高津りえ

著者プロフィール

高津 りえ（たかつ りえ）

スピリチュアル・カウンセラー。福島県生まれ。幼少期より不思議な体験を繰り返す。24歳のとき、斎藤一人さんの会社の特約店の仕事をはじめ、以来、一人さんを師と仰ぐ。2004年より、スピリチュアル・カウンセラーとしての活動を本格的にスタートし、多くの人を励まし続けている。著書に『斎藤一人　すべての感情は神様からの贈り物』（廣済堂出版）、『斎藤一人　奇跡はほんの小さなことから始まる。』（秀和システム）、『斎藤一人　品をあげる人がやっていること』（サンマーク出版）、『斎藤一人　ゆるしてあげなさい』（マキノ出版）、など多数。

御心《みこころ》カウンセラー養成・高津りえ公認スピリチュアル・カウンセラー養成校代表。

●ホームページ
PC　　http://www.hikari-rie.com/
携帯　http://www.hikari-rie.com/k/
高津りえブログ　http://blog.rie-hikari.com/

●たかつりえカウンセリングルーム
電話03-3651-7193
〒132-0031　東京都江戸川区松島3-13-11

高津りえ公認
御《み》心《こころ》カウンセラー
スピリチュアル・カウンセラー
養成校

現在、公認御心カウンセラー、スピリチュアル・カウンセラーが、全国に600人以上いらっしゃいます。

一人ひとりの御心に沿って、前世・今世・来世の学びと輝きを知る「御心カウンセラー養成講座」と、地獄道から天道までの六道輪廻《りくどうりんね》をもとに、師匠である斎藤一人さんから、わたしが長年教わった「本物のスピリチュアル」を伝授する「スピリチュアル・カウンセラー養成講座」を毎月開催しています。

自分のためにスピリチュアルを学びたい方、スピリチュアル・カウンセラーをお仕事としてやっていきたい方など、詳しくはたかつりえカウンセリングルーム（TEL03-3651-7193）まで、お問い合わせください。受講後、高津りえ公認カウンセラーとして認定いたします。

【御心カウンセラー
スピリチュアル・カウンセラー 養成校】

●各受講1日（10:00 ～ 16：00）

※16時以降、水晶のお授け式・認定式があります。

●各受講料……54万円（税込／分割不可）

※上記は、2018年11月現在の情報です。

高津りえ先生
スピリチュアル ライフスタイル
講座

高津りえ先生が、全国各地で「スピリチュアル ライフスタイル講座」を開催してくださることになりました。

ワーク形式を取り入れた授業では、幸せとはなにか、自分はどう幸せになりたいかについて一人ひとりが自分自身と向き合い、自分だけの幸せの形、幸せ材料のつくり方・考え方を学んで、日々の生活の中で幸せを育てられるようにします。

自分の力で幸せになりたい方、スピリチュアル力を高め育てていきたい方、自分自身を成長させたい方などにおすすめです。詳しくは、たかつりえカウンセリングルーム（TEL03-3651-7193）までお問い合わせください。

【スピリチュアル ライフスタイル講座】

- 時間…… 約1時間半
- 参加費…… 10,800円（税込）／お一人
- 開催日、場所等、詳しくは
たかつりえカウンセリングルーム（TEL03-3651-7193）までお問い合わせください。

※上記は、2018年11月現在の情報です。

高津りえ先生の
公式LINE@が
はじまりました

りえ先生の講演やイベントのお知らせのほか、りえ先生からの心温まるメッセージや毎日の生活に取り入れられるお話などを配信しています。

登録方法は、ID 検索より「@wep1524j」を 検索するか、下のQR コードを読み込んでも登録できます。

LINE をしている方ならどなたでも登録可能ですので、あなたの大切な方にも教えてあげてくださいね。

登録の仕方がわからない方や、ご質問などがある方は、たかつりえカウンセリングルーム（TEL03-3651-7193）までお問い合わせください。

あなたの登録をお待ちしています☆

高津りえ公式LINE@
@wep1524j

デザイン　bitter design
イラスト　熊本奈津子
編集協力　田中麻衣子、楠本知子
編集担当　真野はるみ（廣済堂出版）

お金の神様が教えてくれる
人生がどんどん好転する「経済」の授業

2019年2月3日　第1版第1刷

著　者　高津りえ

発行者　後藤高志

発行所　株式会社 廣済堂出版
〒101-0052
東京都千代田区神田小川町2-3-13　M&Cビル7F
電話　03-6703-0964（編集）
03-6703-0962（販売）
Fax　03-6703-0963（販売）

振　替　00180-0-164137

URL　http://www.kosaido-pub.co.jp

ISBN 978-4-331-52190-8 C0095